苦しい時は電話して

坂口恭平

講談社現代新書
2581

はじめに

09081064666

これは僕の携帯電話の番号です。

僕は「いのっちの電話」という、死にたい人であれば誰でもかけることができる電話サービスをやっています。もちろん無償です。本家本元「いのちの電話」がほとんどつながらないという現状を知り、2012年に一人で勝手にはじめました。1日に7人ほどかけてきますので、1年だと2000人を超えます。もう10年近くやっています。

なんでこんなことをはじめたのか。

なぜなら、**自殺者をゼロにしたい**と思っているからです。

毎年、自殺者の数が公表されています。僕がサービスをはじめた当初は3万人を超えていました。それだけの数の自殺者がいる国は、果たして国として成立していると言えるのだろうか？　そんなことも考え、僕は新政府なるものを立ち上げたこともあるのですが、そのことは、この講談社現代新書シリーズの『独立国家のつくりかた』を読んでもらうことにして今回は割愛します。文句を言っても仕方がない、何か手を打たないと、と思った僕は「いのっちの電話」をはじめました。

自殺者がいることが当たり前になってしまっている。そのこと自体が異常なのではないかと僕は思います。もちろん、それぞれの人生はそれぞれに決めることができるので、自ら死にたい人を止めようとするのはどうなのか、それも人間の自由ではないか、と思われる方もいると思います。

僕も何度かそう言われたことがあります。その意見もわからないわけではありません。いや、どうかな……やっぱり納得できないところがたくさんあります。

なぜなら僕自身も死にたくなるからです。

まっすぐどん底に向かっていく

僕は、医師からは躁鬱病（現在では双極性障害Ⅱ型と呼ばれている）という診断を受けています。

躁鬱病は周期的に気分が良くなりすぎたり、悪くなりすぎたりを繰り返します。躁状態の時は、とにかく何もかもが爽快で、可能性に満ち溢れているように感じます。いろんな考えが頭をよぎり、それをすぐにでも実行したいという興奮に包まれます。

しかし、その期間はそれほど長くは続かず、しかもその後は穏やかな精神状態に戻るわけではなく、一気に下降していきます。そのまままっすぐどん底に向かっていきます。そして鬱状態がはじまります。

躁状態の時は確かに爽快ですが、かなり常軌を逸しているのです。楽天的な精神状態で、調子が悪いと判断することは難しく、病院に行こうなどとは思えません。

その時に使い果たしたエネルギーを、充電する必要があるのでしょう。鬱状態になると、途端に活動が鈍くなります。考えることはできず、好奇心も湧かず、人にも会えません。時間がゆっくりと進み、しかも毎秒のように苦痛が襲いかかってきます。

時間がゆっくり進むので、とても大変です。しかも、躁状態の時と鬱状態の時は、記憶が完全に分断されてしまいます。治ればまた元気になるとは考えることができず、もうこのままなのだ、一生深く沈んだまま生きていくのだ、と断定してしまいます。

そんなわけで当然のように、こんなことならもう死にたい、と思ってしまうのです。

死にたい時は、全く同じ状態

つまり、僕自身、周期的に死にたくなってしまいます。

何度も書き残したりしてきました。ビデオレターを自分のためにつくったりもしました。いつかはその状態から抜けるのだから、決して死んだりしないように、と。しかし、全く効果がありませんでした。記憶が分断されてしまっているので、もう二度と元には戻れないと完全に思い込んでしまうのです。

今、これを書いている僕は、躁状態でも鬱状態でもないと思います。比較的穏やかな時です。この時期だけは冷静に色々と考えることができます。そんな僕がなぜ鬱状態の時に、死ぬしかないと考えてしまうのか、自分でも理解することができません。全くの別人になっているといってもいいのかもしれません。

しかし、分断されている記憶は感情の面だけで、それ以外はひとつながりになっています。だから、死にたいと思っていたこと自体は記憶しています。鬱状態の時、どんなふうに過ごしているのかは全て記憶しているのです。

そこでわかったことがあります。

死にたい時は、毎回、全く同じ状態なのです。

しかも、驚いたことに、「いのっちの電話」にかけてきた人たちと、死にたい状態について話をすると、彼らとも全く同じといってもいいということがわかってきました。死にたい理由はそれぞれで、とても個人的だからこそ、他の人は手を差し出すことができず、止めることもできない。そう考えていた時もあったのですが、今は違います。**死にたくなる状態とは、熱が出たり、咳が出たり、血が流れたりすることと同じように、どんな人にも起こりうる症状だから対処可能なのではないか――。**

「いのっちの電話」を続けてきて、一番実感したのはこのことです。

僕は、鬱状態は脳の誤作動が起きているだけだと思っています。

正確にはそれが「誤作動」なのかはわかりません。もしかしたら、意味がある別の動きをしているかもしれないので。といっても、普段、健やかに日常生活が送れている時とは全く違う動きをしていることは確かだと思います。

思考や行動は脳の信号によって実行されるので「死にたいと思うのは勘違いだ」と自分に声をかけようとしてもなかなか難しいです。思い込んでいることに気づけないのですから。そのため、どんどん死にたいという渦の中に巻き込まれていってしまいます。

死にたいと思うことが、あなただけに起きている特別なことではなく、人間にはよくある症状だと気づくことが重要なのですが、一人でそれに気づくことはとても難しいということを頭に入れておいてください。

必ずやまた抜け出せる

それでは死にたくなっている時、どうしたらいいのか。

脳が今までと全く違う動きをしているのですから、自分ではなんともできません。

だから、他人を活用するのです。

自分で自分を客観的に観察できなくなっている状態なので、他人に観察を任せる。

自分で考えることをできるだけせず、自分から離れて、他人の声に耳を傾ける。

もちろん、特効薬ではないかもしれません。死にたくなくなった、とすぐになるわけでもありません。でも、少なくとも、あなたが死にたいと考えてしまう状態に入っている、つまり脳の誤作動が起きている、と気づくことはできるのではないか。

僕が「いのっちの電話」をやっている理由はそこにあります。

人は他人に自分が死にたいと思っていることをなかなか話せません。恥ずかしいし、人に重荷を与えているような気持ちになるし、話せば惨めになるかもしれないとも思います（これらも死にたいと思っている時の症状だと思います）。

・他人と比べることが止められず、他人が素晴らしく見え、自分がみすぼらしく見える。
・恥の感覚が強くなり、ありとあらゆることが恥ずかしくなってしまう。
・人とうまく話せなくなっている。特に世間話ができなくなっている。

こういったことも、自分だけの問題だと思っているかもしれませんが、「いのっちの電話」をはじめて、1万人ほどの死にたい人の声を聞いた結果、僕が感じたことは、ほぼ全員こうなっているということでした。

あなただけではないんです！

そして、僕も僕だけではないと知って、とてもホッとしたのを覚えています。

話をしていくうちに一番強く感じたことが、この「自分だけではない」ということです。

電話をかけてきた死にたい人の思考回路は、僕が死にたい時に非常によく似ています。

ということは、**この状態は死ぬまで続くのではなく、必ずやまた抜け出して、健やかに過ごすことができる**んです。またぶり返すかもしれません。でも、練習を積んでいくことで、どん底には落ちずに済むようになります。うまく体を休ませる方法を見つけ出していけば、死にたい気持ちもまた、一つの体のサインだと実感できるはずです。

僕も少しずつですが、そう思えるようになってきました。

だからこそ、一人で抱えずに、できるだけ気楽に（死にたい時は気楽に何かをすることができませんが）、「いのっちの電話」にかけてきてほしいと思っているのです。

たくさんの電話がかかってきて、「お前の生活は問題ないのか？」と質問される方もいます。これまで、僕自身の鬱状態がひどい時以外であれば電話に出て、一人30分くらい話してきましたが、それ自体はそこまでストレスにはなっていません。むしろ、これは先ほど書いたように、僕のためになっているところも大いにあると思います。

もちろん、1年に何万人もの電話を受けることはできません。僕にできるのは1日に10人が限界だと思います（しかし本当は「いのっちの電話」に本腰を入れて、医師みたいに9時から5時までずっと電話に集中して、他のスタッフも入れて、夜勤でも働いてもらって、24時間体制の自殺防止センターをつくりたいなんて妄想を抱いています）。

そこで、いつも電話で話していることをこの本に書いてみることで、電話だけでは対応できない人々にも、死ななくてもいいんだと感じてもらえるのではないか。

そんな気持ちからこの本を書くことにしました。

ごく普通の方々も救いたい

何度も言うように、死にたくなるのは誰にでも起こりうることです。

新型コロナウイルスが世界を席巻し、数多くの人々が亡くなっています。ウイルスとの戦いは長期間にわたりますが、経済活動が元のように戻っていくのにもまた、多くの時間を要するでしょう。その間、日本では、たとえば経営に行き詰まった中小企業の関係者や飲食業に携わる人たち、アルバイト先がなく学費の払えない学生など、ウイルスに体を冒されて亡くなる数以上の方々が、思い悩み、人生に絶望し、自らの命を絶ってしまう恐れがあります。

でも、命を絶つ前にちょっと待ってほしい――この本が、決して躁鬱病というわけではないけれど、誰も頼る人がいなかったり、生活に困窮したりして死にたくなっているような、ごくごく普通の方々の助けにもなれば嬉しいです。

やっぱり僕の夢は、自殺者をゼロにすることです。

それはまた僕自身が自殺せずに、寿命を全うしたいということでもあります。

荒唐無稽なことを言っているように聞こえるかもしれません。

でも僕には確信があります。

死にたいと思っていることを口に出すことができて、他人にそれを聞いてもらえたら、誰も自殺することはないはずだ、と。

死にたいと思うこと自体はきついですが、悪いことでも何でもなく、誰もが感じる当然の感情なのです。**死にたいと思うことは何一つおかしなことじゃありません。**

僕にとっては日常であり、はっきり言うと、それは必要なことでもあります。

死にたいと感じたら、どんどんそのことを話し合える世の中になれば、もっと楽しくなるのではないか。ふとそんなことも考えます。

とはいえ、これを読んでいる人の多くは、今、死にたいと感じている、緊急事態かもしれません。

早速、対処の仕方を一緒に考えてみましょう。

ここまで読んできて、「もうダメかも……」と思う人はぜひ、０９０８１０６４６６に電話をかけてみてください。

それではじめましょう。

目次

1章　反省禁止！

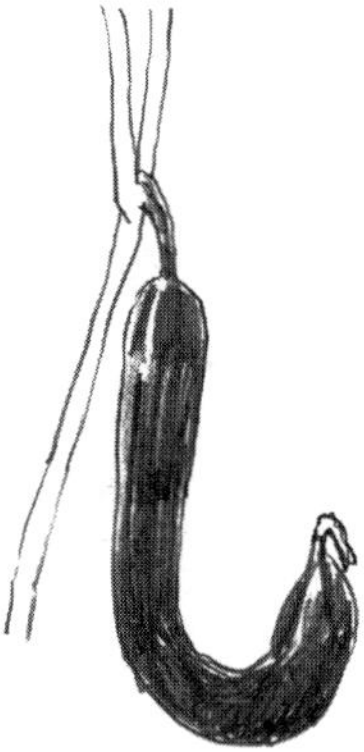

熱が出ている時と同じ

死にたいと感じている時、辛くてどうしようもない時、それは自分の問題だと思っていませんか？　自分が悪い、自分のせいで、こうなった……と。

しかし、ちょっと待ってください。実は全く違います。

ただ熱が出ている時と同じです。

熱が出たくらいじゃ止まってくれない、咳が出たくらいじゃ止まってくれない。そんな状態なんです。つまり、体の目的としては、休ませたい、体の動きを止めたい。ちょっとやそっと痛みを与えたくらいでは、あなたは休んでくれないので、体として最大限の方策を取っている。

体は自分に対して無駄なことはしません。

何かしら意味がある。

僕たちの常識のようなものが体と合わないだけで、体は体なりに合理的に動いています。休ませるために、興味・関心を感じる感覚を麻痺させている。体が動く機能を低下させている。希望を感じるところが鈍くなっている。

そんなわけで欲望も感じません。人間は何があっても、心のどこかには前向きな精神があるものですが、それすら取っ払われます。すべて後ろ向きに考えるようになっている。だから行動することができない。人に会いたくない。話すこともできない。本当に少しも余白がなく、とにかく否定的です。

そのおかげで、寝込むことになる。

自分の体がそうさせているわけですから、これもある意味では自然治癒力のようなものかもしれません。

そんなこと言っても、「はい、そうですか」と納得することはできないと思いますが。

僕もそうです。今は、ある程度落ち着いている状態でこれを書いているので（調子が最悪で死にたくなっている時に書いている文章も後から出てきますので、読み比べてみてください）、「そうなんだよ、体が休みたがっているんだから、素直に従って横になっていようよ」と思いますが、苦しい時は、時間の流れも停滞して、苦しさが何倍にも膨れ上がりますから、こんなふうには考えられないと思います。

でもそれでいいんです。

自分ではそんなふうには思えない。

これも大事なことです。今は何も考えられなくなっているのですから。

だからただ読むだけでいいと思います。

これは僕の場合ですが、他のことは何にも頭に入らないのに、自分のこの死にたいと思う状態をどうにかするための特効薬のような文章がどこかにないものか、本やインターネットの文章をとにかく探すことに関しては、少しもサボりません。どんどん読むんです。むしろ貪欲です。とにかく治したいと思うばっかりに、何でも片っ端から読もうとしてしまいます。

破壊的な反省

しかし――どこにも解決方法はありません。

何か見つかったためしがない。

それもそのはず、こうなってしまっていると、自分の症状自体の認識にも歪みが出ているからか、あらゆる細かいことが問題となり、問題ですらないものも自分の問題となって、調べ方も間違っていれば、受け取り方も間違ってしまいます。もちろん、それも自分の一つの姿ではあるのですが、勝手に自己判断して、何でも自分が悪いとさらに深く反省してしまうのです。

反省。

これです。とにかく反省してしまっているんです。自分のどこが悪かったのか、性格のこの部分がダメだ、過去の行為を無理やり引っ張り出してきて、この行為がまずかった、今の苦しさと直結しているわけではないのに、そんなことをしていた僕だからこうなって当然なんだと、余計な反省まで増えてしまいます。

死にたい時とは、つまり、何でも反省してしまっている時なのではないかと僕は考えています。

あれをしなきゃよかった、どうしてこんな性格なのか、どうして他の人とこうも違うのか――そんなふうに反省が止まりません。

しかも、通常、反省というのは、次に備えるために大事な行為です。目の前で起きた失敗に関して、次は必ず失敗しなくて済むようにするのが、反省なのですから。

ところが、今僕たちが絶賛取り掛かっているこの反省は、全く建設的ではありません。

むしろ破壊的だと言ってもいいかもしれません。破壊的なのは、反省とは言えませんね。

でもこう言うと、また「私は意味のない破壊的な反省をしてしまった」と反省してしまいます。

とにかく今はそういう状態です。自分が特別くよくよする性格だからというわけではなく、死にたいと感じる時、誰もが必ず反省をしてしまうのです。

絶賛乗っ取られ中

まだ、自分自身と、死にたいという考え方が明確にわかれていないでしょうから、なかなかそう考えるのは難しいかもしれませんが、ここはひとつ、**理解することはできなくても、ただ耳に入れていく、口にしてみる、**という方法を取ってみましょう。

なぜなら、あなたには今、何かが乗り移っているような状態なわけです。もちろん幽霊でも狐でもありません。昔ならそう言われていたかもしれませんし、ある意味では幽霊と言っても間違いではないのかもしれません。

その正体は、あなたの体です。

普段はいわゆる「僕」と言っている人と、僕の体は同期して動いているように感じています。それでももちろん、ズレにも気づいているわけです。眠い体と働こうとする自分。冷静を装いながらも、好きな人の前で勃起している自分。そのズレがこの時、全開になっています。

僕は今「僕」と言っていますが、死にたい時は、体だけでなくこの「僕」が考えていることにも、僕ではないものが入り込んでいます。そりゃそうです。脳みそだって体ですし、その脳みそからの信号で人間は考えるわけですから、その考え自体も熱を帯びているわけです。ちっとも冷静ではありません。

こうなると一体、自分が何者かすら全くわからなくなってしまいますね。でも反省するくらいなら、自分とは何かなんてことを考え込むほうが体にいいのかもしれません。何も、好きで反省をしているわけではありません。

反省しやすい状態にいる、自分自身がコントロールできる状態ではなく、ただ今、絶賛乗っ取られ中なんです。しかし、そんな状態であっても脳みそで考えたことが、自分の思考だと誤解するようになっているので、誰も乗っ取られているとは感じることができません。

だからこそ、死にたい時は、他人の声にだけ耳を傾けてみましょう。

体からのメッセージ？

とにかく、反省禁止と唱えてみましょう。

反省には何もいいことがない。もちろん、この「死にたい」時は、ということです。

「反省禁止！」と言われると、少し楽になりませんか？

僕はこの言葉を自分に言い聞かせる時、少しだけ楽になります。死にたい時、反省は酒を飲みすぎるよりも体に悪いです。それくらいなら酒を飲んだほうがいい。

もちろん、そのことを反省しないで飲むのなら！

わずかな隙間を見つけて、するすると反省虫は入り込んできてしまいます。

つまり、意識がすべて過去に向かっているということでもありますね。

これからどうするかじゃなくて、今までのことを振り返ってどうしてこうなったと考えているんです。これも体からの要請なのではないかと僕は思います。未来のことを考えたら体が動いちゃいますから。体が動かないようにする、休ませるということが体の目的ですから。

死にたいというのは、体からの「休みましょう」というメッセージなのです。

どうやら僕たちは体からの警告をずいぶん長い間無視してきたようです。それによって体がもう破壊寸前になっている。このままだとダメになる、と危機を感じた体が、決死の覚悟であなたを今のような状態にさせている可能性があります。

図々しい人間でいたい

死にたいと思う人は、今すぐにでも助けてほしいと思っているでしょうが、僕はほとんど何もすることはできません。電話で話を聞くだけです。でも、その時に「反省をとにかくしないように」と伝えると、みんなが思い当たる節があるようです。

とにかく反省をしている。なんでこうじゃないんだ、なんであんなことをしたんだ。解決に向かうというよりも、徹底的に自分をいじめていると言ってもいいかもしれません。いじめ絶対ダメ、の精神でいきましょう。行きすぎた反省が、自殺なのです。

反省して死ぬくらいなら、どんな時も反省せずにただのうのうと生きていく図々しい人間でいたいですね。ああ、自分はそうやってくよくよ考え続けるやつなんだ、とまた反省していませんか？　いいじゃないですか、繊細でも。僕もとてつもなく、くよくよする性格です。そのことに自信を持って生きているわけではありませんが、繊細さは悪いことばかりではありません。

反省することをやめるとずいぶん楽になりますよ。

自分を受け入れようとか、肯定しようとか考えるのはなかなか難しいです。

具体的な方法がわからないですから。

だから、ここではとにかく具体的な方法を実践していくことにしましょう。

というわけで、**第一のポイントは反省をやめる**ということ。

でもどうすればいいんだよってなりますよね。やめようと思っても、反省がやめられない。それがこの死にたい時の症状ですから。反省ばかりしているおかげで、一切、身動きできないですし、自信のかけらもなくなりますよね。体としてはとても満足のいく結果になっているのかもしれません。だから、反省して、苦しくなって、辛すぎても、実はそれは体にとっては喜ばしいことでもあるのです。

しかし、それだと辛いですよね。

次章では、反省をやめようと思っても、やめられない場合にどうするかを考えてみましょう。

2章　24時間、悩める人

ダメになってしまう

反省するということは、過去に向かっているわけです。これまで起きたことすべてが反省の材料になります。では、未来に目を向けたらいいのかと考えます。それではまずやってみましょう。これからのことを考えてみる。これから何をしていくのか？

どうでしょうか？

多くの人が気が遠くなったり、途方に暮れたりしているのではないでしょうか。明日もまた同じようにうなだれる日がやってくる。明日だけじゃなくて、これからもずっとそんなふうになる。きっと自分はもうダメだ、どんどんダメになっていく、ますます貧しくなっていく、となってしまいます。少なくとも僕はそうなりますし、「いのっちの電話」にかけてきた人も同じように感じています。つまり、これも個性がなく、みんな同じ状態に陥ってしまっているようです。

周りを見ると、みんな幸せそうで、こんな絶望的になっているのは自分だけで、だからこそ、救いがない。

みんなそう思ってしまうようです。

僕が電話で聞く限り、この将来に対する不安もみんな一様で、個性がないんです（文句を言っているわけじゃないですよ）。

個性がないってことは、つまり、これも症状ではないかということです。死にたい時にはどうしてもこうなってしまうのではないか。

こう聞くと、少し安心しませんか？

もちろん、苦しいですよね。僕も自分がこの状態になってしまっている時には、どんな言葉を聞いても安心できません。そうやって安心して、リラックスしたふりをしても、実は大変なんだよ、お前はダメなんだよという声がすぐに聞こえてきて、参ってしまいます。本当にこれはきつい！

人から聞いた言葉よりも、自分が考えていることのほうが正しいという感覚になってしまうようです。だから、なかなか人の意見を受け入れることができない。それよりも、今、自分がとんでもない状態に陥ってしまっている、これはとても絶望的だ、おそらく自分はダメになるだろう、と考えてしまいます。立ち直る可能性だって同じくらいあるんですけど、決してそうは考えません。必ずダメになってしまうと感じてしまいます。それは極端な考え方なのではないか、と落ち着いて考えることはできません。

どんなにいいところを伝えたとしても、「いやそんなことはない」「それはそうだけど、でも」と言いながら、かたくなに悪い方向に目を向けようとしてしまいます。死にたくなっている時には、それこそ必ずそうなってしまうようです。

すべて僕自身の経験

僕もそうですし、他の人もみんなそうです。みんな仲良く、同じことを考えています。あなただけの問題ではありません。むしろ、あなたの問題ではありませんすらありません。そういう症状、そういう思考回路に入っているだけのことなのです。

というわけで、未来のこと、将来のこと、明日のことも考えることができません。過去のことはどんどん考えて、どんどん尽きることなく、細かいことまでもすべて反省します。しかも、反省したからといって、何か対策を練るというわけでもなさそうです。とにかく反省だけをし続けます。

あなたへの文句を言っているわけではありません。僕がいつもそうなのです。正確に知ることができるのは、自分のことだけです。だから、ここで書かれているあらゆる症状、「お前大丈夫かよ」と言われてしまいそうなおかしな思考回路は、すべて僕自身の経験です。

恥ずかしくもあるのですが、これを読む人は同じように困っている人だろうから、恥ずかしいなんて言っている場合ではありません。一刻も早く、みなさんが反省しすぎて、自殺してしまわないように、何か手を打ちたいんです。

もちろん、これは僕自身が振り返って、あの時考えてきたことを、今、少しだけ冷静な自分が思い出しながら（もちろん、感情の記憶はありませんから、なんでそんなことを言ったんだよというツッコミはあります）、次に僕が死にたいと思った時に備えておきたいということでもあるのです。

うまくいくかはわからないのですが、それでもやるだけやってみましょう。

24時間考え続ける人

鬱の時には、うまくいかないかもしれないことを試してどうするんだ、という思考回路になってしまいます。要するに、面倒臭い状態です。なんでも面倒臭いと思ってしまう。ところが、これも後で話しますが、悩むことだけは面倒臭いとは思わないようです。一番面倒臭い作業に思えるのですが、なぜか悩むことだけは起きている限りやめようとしません。勤勉と言ってもいいくらいです。

悩んでいる限り、面倒臭がっている人ではないんだと思います。むしろ、悩むことだけにエネルギーを注ぎ込みすぎているために、他のことが面倒臭いと思うようになってしまっている可能性があります。

つまり、あなたは**「24時間悩み続けることができる人」**です。これは確かだと思います。決して面倒臭がりの人ではありません。なんにも試していない人ではありません。悩み続けているんです。悩むことはつまり考えることですから「24時間暇さえあればずっと考え続けている人」ということなんです。

これは結構すごいことではないですか？　そう思いませんか？　なかなかいませんよ。それだけ考え続ける人も。哲学者じゃないんですから。

自分とは何か、自分が生きている意味とは何か、答えが出るとは到底思えないようなそんな大きな問いを自分に投げかけている。とんでもないことです。書きながら、少し笑いそうにもなってしまいますが、それでも僕は真剣に悩んでいるんです。

悩んでいるばかりで、何も行動ができていないじゃないかなんて言われたとしても（実際には言われたことはありません。頭の中でそういう言葉が通り過ぎていくことは頻繁にあるのですが)、それでもなんにもしないでぼうっとしているわけではありません。

それはみなさんも同じです。

何も考えていない状態ではなく、その逆で、むちゃくちゃ悩んでいる、とてつもなく考え続けている。寝ても覚めても、答えが出るはずのないことを延々と考え続けている。

これは馬鹿げたことじゃありません。

むしろ、たいしたもんじゃありませんか!

過去を反省し続け、将来を憂え続け、ただひたすら考え続けている人。

この状態だけを、自分から幽体離脱して眺めてみれば、実はそこまで悪いとは思えないですよね。頑張っているわけです。ここはひとつ応援していきたいと思うじゃないですか。そんな時に、やっても無駄だ、お前なんてと言ったら失礼です。真剣に考え続けているんですから、文句を言うんじゃなくて、せめて、黙ってそっとしておきましょう。そのうち何か見つけ出して動き出すかもしれません。


「反省熱が出てるなあ」

しかし、今の僕たちの喫緊の問題は、

「とにかく今、いてもたってもいられないから、なんとかしてくれ」じゃないですか？　時間がゆっくりとなり、そのぶん苦痛を味わう時間が長くなっているはずです。映画や本などを観たり読んだりしながら静かに過ごせたら幸せなのに、謎の焦りと、憂鬱な気分と、何をやってもダメだという徒労感みたいなものが一緒くたになって熟成してしまっていて、1分過ごすだけでも苦痛です。

この苦痛をなんとかしたい。

とにかく今、死にたいあなたは、過去のことを悔いながら反省し続けています。これは今のところまだ耳に入れておくだけでいいのですが、この行為自体はあなたが引き起こしている行動ではありません。**体がどうにか休むために、何かを治すために、行っている自然治癒の可能性が高い**です。前章でも少しだけ触れました。

だからこそ、反省をやめようと思って、反省禁止と唱えたところで、やめられるわけはないのですが、自分の体から少しだけ抜け出て「あー、反省熱が出てるなあ」というくらいに、傍観してみましょう。反省しているのは自分自身で、反省すべきことがあって、だからこそ自分は最低なのだと思わないように。死にたい時は、たとえば自分のやってきた功績が認められてノーベル賞を受賞したとしても、反省してしまいます。やってきたことの優劣などは全く関係がありません。

しかもそこから何かを変えていこう、対策を練っていこうという向上心もありません。なぜなら反省しているふりをしているだけだからです。体が反省っぽいことを巻き起こしているだけで、体は「反省とは何か」なんてことは実は知りません。だから、とてもおかしな反省になっているのです。

ニセモノの反省にご注意を。

ただし、この反省も悪者ではありません。体がなんとかあなたを休ませようとして編み出したものですから。ここはひとつ優しく見守ってあげましょう。でも、口車に乗ってはいけません。断固として、反省している内容については受け入れず、ただ反省をしたいんだね、そうやって体を休ませようとしているんだね、と感じてみましょう。

難しいかもしれませんが（僕はいつもできません！　だからこそ、ここで書いて何度も自分に言い聞かせているのです）、やるだけやってみましょう。まだこのプロジェクトははじまったばかりです。失敗しても落ち込まずに、次に進んでみましょう（死にたい時はとにかく機会を見つけては落ち込もうとしますので、たとえ落ち込んでも気にしないでくださいね）。

悩むこと自体は悪くない

でもやっぱり、とにかく今をどうにかしてくれと思いますよね。

今のところ、見えてきたのは、過去を振り返ると理不尽な反省がはじまってしまい、将来のことを考えると途方に暮れてしまい、とにかく自分へのダメ出しが止まらなくなってしまう、ということです。

残されたのは「今」だけです。もちろん、過去のことを考えるのも、未来のことを考えるのも今やっていることなのですが。

今の時間を「過去と未来のことを反芻《はんすう》、想像することに目一杯使っている」ということになります。あまりにもそちらに集中しすぎて、今のことに向かっていられなくなっている。歯磨き、顔洗い、風呂に入ったり、食事をつくったりできなくなってしまうのも無理はありません。

考え事に集中するあまり、食事も風呂も忘れてしまっている哲学者と変わりません。

ですので、僕としてはこの作業自体、つまり、**悩んでいること自体は悪いことではない**と思っています。そうでもしないと自分が救われません。今まで生きてきて、真剣にやってきたのは、この悩み続けるということだけかもしれませんから。そんな自分を慰めるためにも、この行為自体は否定せず、もしかしたらとんでもなく考えているってことなのかもしれないと思うようになりました。それで少しだけ楽になりました。

だから、あなたも是非とも、そう考えてみたらどうでしょうか？

悩んできたことは変わらないし、現に今も悩んでいることは間違いないわけですし、今すぐそれがすべてなくなるなんてこともありませんし、もっと言うと、こうやって考えてしまう人は「考えることが得意な人」でもあるので、それこそ一生、止まらないかもしれません。

あなたはダメな人間なのではなく、24時間悩み続けることができる人です。ここはひとつ、そう納得したふりをしてみましょう。そっちのほうがいいじゃないですか。

実は今のところ、何ひとつ問題はないんです。

でも反省や自分への攻撃をやりすぎると、さすがに体のバランスが崩れてしまいます。

本物の哲学者ならそれも吹き飛ばして考えをさらに深めていくのかもしれませんが、こちらはにわかの哲学者で、プロ志向ですらありません。アマチュアで、好きでやっているだけです。体のバランスが崩れてしまっている時は、少し休ませてあげましょう。

ひとまず休憩

というわけで、ここで休憩します。次は、今をどうやって過ごすかを考えてみましょう。すぐに次のページに進むのではなく、外を一度散歩してみるとか、歯磨きをしてみるとか、食事をつくってみるとか、ひとつ作業を入れてみてください。

死にたい時は、なかなか体が動かせないのですが、僕は電話でいつもミッションを提案します。ひとつだけ。これをこれだけしてみてくださいと具体的にお願いするんです。決まっていることであれば、なぜかやることができるようです。実は自分で考えることができなくなっているだけで、他人から言われたことだと意外とできます。もちろん最初はしんどいかもしれませんが、動いてみると、案外気持ちよかったなんてことが起きたりします。

きついとは思いますが、ここはひとつ体を動かして、深呼吸をしたり、台所に行って水を飲んだりしてみましょう。パジャマの人は着替えてみてください。

それでは次に進んでみましょう。

3章　不滅のジャイアン

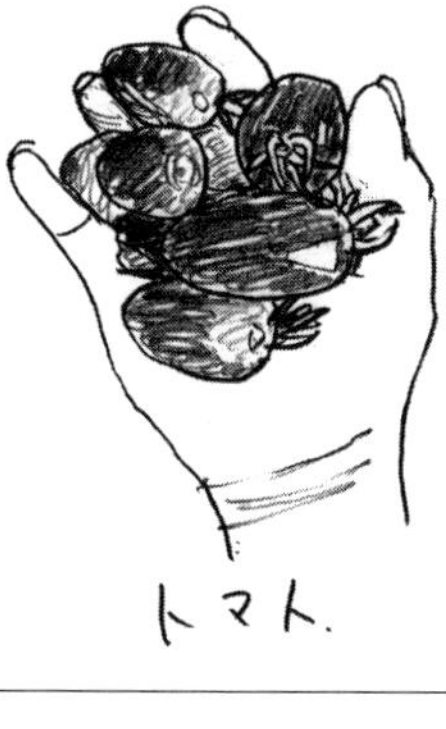

気持ちいいかどうかを確認する

着替えましたか？　まだの人は待ちますので、ゆっくりやってみましょう。

ぐったり横になっている時と、今、着替えて水を飲んだあとの状態を比べてみてください。どうでしょうか？

もしかしたら、かすかに楽になっていませんか？

放っておくと、すぐ過去と未来に引っ張られて、心配や反省の洪水に飲み込まれてしまいますので、できるだけ今のことを考え続けたいところです。今のことを考えるとは、一体どうすればいいのかと言うと、**「今、自分が気持ちいいかどうかを確認する」**とうまくいきます。

しかし、それを一人でするのはなかなか難しいです。

すぐ否定する声が聞こえてきますから。

そちらの声をできるだけ聞かないようにしたい。もちろん、その声はただの悪口を言っているわけではありません。本当はゆっくりしてほしいと心から願っている体の声です。ですが、体は言葉を使い慣れていないんですね。だから、ちょっと間違ったやり方をしてしまいます。否定すれば、落ち込んで動かなくなる＝休んでくれる、と思い込んでいるところがあります。

気持ちが落ち込まなくなればすぐにまた動き出してしまうので、それこそ休んでいたぶんを取り返さないといけないと必死になって動いてしまい、体はなかなか納得しようとしません。あなたにすぐに動き出されてしまっては、体が困ります。体は自分たちが壊れてしまうと思っているのですから。だからこそ体も決死の努力をしているわけです。そのために否定の言葉、不安や反省はあなたが行動しようとするたびに強くなっていきます。

そこで、**動いてはいるけど、体を壊そうとしているわけではないということを伝える**必要があるんです。

気持ちがいい、ということが体にとっても大事だと、体は本能的に知っています。気持ちがいいことは、意識していなくても、自然とできますよね。それは体も気持ちよさを求めているからです。

死にたい時は、リラックスすることができません。どうすればリラックスできるのか、考えてみてください。全く頭に浮かばないと思います。僕もそうです。さっぱりわからなくなる。風呂に入っても、あれこれ考えちゃうし、深呼吸をしたとしても、一瞬だけ体は柔らかくなるけど、すぐに固まってしまいます。

それは、体が危険を感じているからです。体は、亀のように固く丸まっておいたほうが身を守れると思っています。なので、簡単にリラックスはできません。でも、そのままだと体も壊れてしまう。「気持ちいい」「心地いい」という感覚は、あなたよりもまずは体がリラックスするのです。

細かな願望に気づく

むちゃくちゃ気持ちいいことをする。もちろんそれが一番いいんでしょうけど、そんなことはなかなか思いつかないですよね。そこで、**さっきまでの気分と今の気分がどれくらい変化したかだけを確認してみる**のはどうでしょうか。

着替える前と着替えたあと、風呂に入る前と風呂に入ったあと、歯磨きをする前と歯磨きをしたあと。なんでもいいんです。何かをやる前とやったあとの気持ちを比べてみてください。その時、今の繊細になっているあなたの特徴を生かして、できるだけかすかな変化にも気づいてあげてください。

今、とてつもなく繊細になっているために、少し眠いだけ、少しお腹が減っている、たったそれだけのことで、死にたくなってしまいます。死にたい時＝少しでも気持ちがいいことをしてみたい時、と言い換えてもいいかもしれません。

様々な訴え、細かな要求、かすかな感情の変化、そんなものが大雑把にまとめられて「死にたい」という言葉になっています。死にたいと感じる人で、大雑把な人はいません。実はとてつもなく繊細で、細やかな心配りができる人が多いわけです。だからこそ、いろんなことを感じてしまい、混乱して、もう何もかも考えられなくなって、死にたくなっているのですから。

そのために、**死にたい、という言葉にひっくるめられてしまっている、細かな願望に気づいて、それらひとつひとつを何か別の言葉で名付けていく**という作業が必要になります。

もしも、今、着替えて少し気持ちがよかったなら、あなたは「死にたい」のではなく、「着替えたい」と思っていたわけです。当然ながら、あなたは死んだことがありませんので、死ぬ気持ちよさ、心地よさのことは知りません。誰からも聞いたことがないと思います。誰も知らないし、本にも書いていない。

死ぬことがむちゃくちゃ気持ちいいという可能性もゼロではないので、完全に否定することはできませんが、それを知ることができませんので、とりあえず死ぬことを選ぶのは最後にしておきましょう。

何かをしたい、と思う時、それが気持ちいいから、欲望が湧くわけです。

だから、死にたいと思うのは、死ぬことが気持ちいいと思っているということです。

もちろん、死んだら悩まなくてもいいと考えるからでしょう。つまり、死ぬ目的は悩みたくないということです。悩むのは苦しみにしかつながらないと思い込んでいますし、現にそうでしょうから、悩んで苦しむということから解放されたいんですね。だからあなたは死にたいんです。

ジャイアンみたいな人

当たり前のことではありますが、そうやって一つずつ考えていくしかありません。

なんにせよ、今は、死ぬこと＝気持ちいい、ということになっていて、その一番気持ちいいことをやってみたくなっています。しかし、実際は死ぬことが気持ちいいかどうかは誰も知りません。それなのに、死にたくなっているんです。もしかしたら思い込んでいるだけかもしれません。

本当にあなたは死にたいのでしょうか？

そんなこと言うと、死にたくなっている時の僕からも怒られそうです。

本当に俺は死にたいんだよ！　と。もう何やってもダメなんだから！　って。

自分の中に一人、ジャイアンみたいな人がいるんですよね……。

ジャイアンは、そこまでするかってくらいのいじめっ子です。とことんまでいじめます。普段大人しくしているような人でも、死にたくなっている時にはこのジャイアンが居座っているようです。一人でわめいています。あれもダメだこれもダメだとすぐ怒ります。ささやかに積み上げてきたものも、こんなことやっても無駄だ、と言って、近づいてきては壊してしまいます。

この人をなんとかしたいですね。もちろん、いじめるような人は排除するべきでしょうが、このジャイアンも自分の中の一人ですので、完全に消し去ることはできません。邪魔な存在かもしれませんが、そうやって煙たがれば煙たがるほど、ジャイアンは身の危険を感じ、さらに否定の声は大きくなり、暴力は激しくなってしまいます。

よくよく見ると、この人はなんだか寂しそうですが、声が大きいので、なだめようとしてもすぐ抵抗します。暴力を受けてしまいますので、こちらも近づこうにも近づけません。

いつはじめても遅くない

体は「休みたい」と思う時、ジャイアンに依頼します。なぜなら、ジャイアンの命令には絶対服従してしまうからです。

ジャイアンをなんとかしたい。

ジャイアンは強すぎて、手に負えません。しかし、依頼主の体のほうはと言えば、言葉は通じませんが、全く通じ合えないというわけではなさそうです。そこで、ジャイアンはとりあえず放置して（あんまり無視すると、また怒ったりするので厄介なわけですが）、まずは依頼主である体のほうをなだめていきたいと思います。

依頼さえなければ、ジャイアンの声は落ち着くはずです。もちろん、ジャイアンは元気な時でもいます。元気な時には、ただまわりに怒り続けるだけの人ではありません。むしろ、キャプテンの役割を担っていて、そのおかげで前向きな行動ができているところもありそうです。

僕が今、この本を書き続けられているのもジャイアンのおかげなのでしょう。ジャイアンは一見、不可能に思えることでも、やるだけやってみようと前向きに行動していくチャレンジ精神を持っています。前向きな力に溢《あふ》れています。

ドラえもんに出てくるジャイアンも時々ですが、そういう時がありますよね。ピンチで活発に動くジャイアン。普段元気な時にあなたの中で活躍しているジャイアンだからこそ、調子が悪くなった時、体がつい依頼してしまうのかもしれません。ジャイアンの言うことはすべて受け入れるようになってますから。

とはいえ、調子が悪すぎる時に叱咤《しった》激励して、さらに働かせるというのはどうでしょうか。

ちょっとやりすぎなんですね。

死にたいと思う時でも、ジャイアンは休むことを知りませんから。これではみんな疲れてしまいます。横になっていても「これからどうするのか」「今までなんであんなことをしてきたんだ」なんてことを、ジャイアンは延々と言ってきます。

僕の中にいるジャイアンは意外にもむちゃくちゃ真面目です！

それはまた、自分自身の真面目さでもあります。少し恥ずかしくなってきました。

でも、それでもいいじゃないですか。生真面目に生きることは悪いことでもなんでもありません。むしろ長所だと思いますよ。

ただし、調子が悪い時は緩《ゆる》めることも知っていきたいですね。休む技術を身につけたいところです。死にたいと思うまで頑張っちゃう僕たちが休むことを覚えるのは、なかなか難しいかもしれません。でも、いつはじめても遅くはありません。少しずつ身につけていきましょう。僕にもまだ備わってはいません。だからいつもこう言い聞かせているんです。

いつはじめても遅くないから少しずつやっていこう。

しかし、この言葉を聞くと、僕はすぐに途方に暮れてしまいます。

またジャイアンがすぐに怒ってくるからです。「何やっても無駄だ」って。

頭を使わないで、体を使う

価値がないと思うようなことをすることに対して、すぐジャイアンは無駄だと言ってきますが、その声はとりあえず抵抗せずに聞き流していきましょう。なぜなら、価値があろうが、なかろうが、あらゆる行動、新しく何かに手を出すということは、すべて治療につながりますので、ジャイアンにとっては無駄かもしれませんが、あなたの体が楽になるのですから非常に有益です。

なんでもやれって言われても、わからなくなってしまいますので、ここはひとつ、「気持ちがいいこと」をやってみましょう。

何が気持ちがいいかはわかりませんので、とりあえず試してみるしかありません。大事なのは、**「体が気持ちいい」と感じることをやってみること**です。なぜなら自分は「気持ちいい」と感じることがなかなかできなくなっていますから。

「つまらない」「退屈だ」とか、そうやってすぐに評価してしまいます。ジャイアンの声が反響してしまっているので、仕方ありません。でも、体がちょっと楽になった、くらいは感じることができるのではないでしょうか。

例えば、僕は二度寝、三度寝をして、なかなか布団から出ないでいるよりも、一度目を覚ましたら、すぐに起き上がって、顔を洗って、歯磨きするほうがいつも気持ちがいいです。二度寝をすると、体温も下がって、次起きた時はどうしても体がだるくなってしまいます。もっと寝ていたいとつい思いますが、後で昼寝をすればいいと思って、とりあえず起きてみます。起きた後、確認すると、やっぱり気持ちがいい。すぐに反省と不安が襲いかかってきますが、それでも朝は早く起きたほうが気持ちいい。

そうやってひとつずつ、あなたも自分が気持ちいいと感じる瞬間を確認してみましょう。

それぞれ自分で試してもらいたいですが、死にたい時は自分で考えることもなかなかできなくなっていますので、ここはひとつ、僕が決めてしまってもいいでしょうか？

そうやって、スケジュールが決まっていると、とても動きやすくなります。

頭を使わないで、体を使う。体が気持ちよくなることをできるだけ多くやってみる。そうすると体は、動いているのに、リラックスできると納得してくれます。ただ横になるだけが休むことではないと理解してくれます。言葉は通じないけど、気持ちよさはしっかりと通じるからです。直接通じます。言葉の何倍も効果があります。

そうやって、体が理解してくれれば、ジャイアンに依頼することも徐々に減ってくるはずです。

4章　とても、苦しい時に

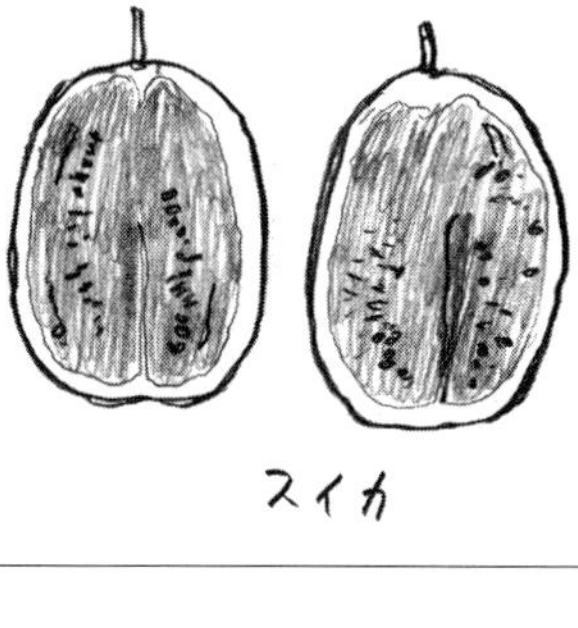

スイカ

いつも通りのふりをしてみる

夜眠れなくても、朝が来たら一応起きてみましょう。二度寝をすると、また起きるのがだるくなりますからここは目が覚めた時点で、すぐに起き上がってみましょう。

起きてすぐはまだ頭がぼんやりとしていますが、しばらくすると、すぐにいつもの否定的な思考がはじまってしまいます。というわけで、ぼんやりとしている間でも自動的に動くために、あらかじめスケジュールをつくっておきましょう。自分でつくるのも面倒でしょうから、僕が勝手につくってみます。それをただやるだけにしてみてはどうでしょうか。

朝起きる。きついとかきつくないとか考えずに、とりあえず起きてみる。そのあと、着替えてみる。気持ちがいいか確認してみる。余計に気持ちが悪くなることは、実はありません。まだ眠りたいのかもしれませんが、寝てしまうと、どうしても「ああ、自分はどうしてサボってしまっているんだ」と考えてしまいます。別にサボっているわけではなく、ただ休んでいるだけなのですが、そう感じてしまいます。そう感じることを消そうとする必要はありませんが、そう感じない方法を試してみましょう。

やらないよりもやったほうが、気持ちが楽になります。

だから多少きついかもしれないですが、気持ちがいいことをやってみましょう。

いつも通りのふりをしてみる。どうせきついのは簡単には変わりません。でも、そこで諦めるのではなくて、自分の感情はとりあえずおいておいて、気持ちよさ（つまりこれは体が感じているわけです）のほうに焦点を合わせてみるのです。

着替えたら、歯磨きと顔洗いをしてみましょう。ゆっくりとやればいいですが、死にたい時は焦ってしまっていますので、どれも気が入りません。それでも気にせずやってみましょう。できるだけでいいです。とにかく次にやることをつくり出していくだけですから、多少、適当であっても構いません。ただそのふりをするような感じで。そして少し動いたら、そのたびに体に聞いてみましょう。気持ちがいいかどうかを。

10分、悩みまくる

結論は、やらないよりも、やったほうが気持ちいいです。でも、しんどい。ぼうっとしたいのに、リラックスすると、すぐに頭の中で否定の声が聞こえてきます。もう少し健康でいられないものか、僕はどうしてこうなのかと考えてしまいます。これは死にたい時の自動的な思考回路ですので、あまりそちらに引っ張られないようにしましょう。そんなこと難しい――僕もいつもそう思います。しかし、手を止めると、また反省がはじまりますし、そうすると体が動けなくなってしまいます。

これじゃいつまでたっても、ゆっくりできないじゃないか。

そう思います。

これじゃせっかく気持ちよくしているのに、疲れるだけじゃないか。

そうやってまた手が止まりそうになります。

そうなったら、そこでやっていることはすぐに止めてみましょう。そして、悩んでみましょう。悩む行為自体もスケジュールに組み込んでみましょう。

10分、休まずにしっかり悩みまくってみる。

時間を決めずにやりはじめてしまうと、延々と止まりません。この妄想は同じところをぐるぐる回るだけでなく、少しずつ増殖していきます。もともと悪いことが何か起きているわけではなく、ただ妄想が広がっているだけです。

それを完全に止めるのも、無理な話です。というわけで、反省をはじめてください。できるだけ短い時間がいいですが、自分で時間も決めてみましょう。そして、じっくり真剣に否定してみましょう。後悔してみましょう。反省してみましょう。「これは症状であって自分の考えではない」と時々突っ込みながらできるといいですね。もちろん、それは難しいことなので、できなくても構いません。

今から否定する妄想をはじめるぞ、どれだけ妄想するのかな、と少し離れた感覚で味わうと、全く違って感じられると思います。

さあ、妄想をしばらくどうぞ。10分間だけ！

僕の経験では、こうやって、自分の意志で、限られた時間だけ妄想するぞと意気込むと、不思議なことに妄想が減ります。詳しいことはわかりませんが、妄想はどうやら、自分が他の作業をしている時のほうが増殖しやすいようです。はっきりとした意志を持って妄想しようとしても、ぼんやりとしてしまいます。何か悪いことが起きそうな気がしますが、何が起きるのかと具体的に考えると、実ははっきりしていないのです。

死にたい、と思うのは妄想

あれ？　と思えたら、別に10分間も続ける必要はありません。すぐに次の行動に移りましょう。

やることは多いです。何もやることがないなんてことはありません。もちろん、すべて面倒臭いと思っているからやることなんてないと思うのですが、それでも妄想に苦しめられるよりもマシじゃないですか。

はっきりと言ってしまいますが、死にたい、と思うのは、やはり妄想なんです。ただ妄想だと気づけない。でも、妄想に焦点を合わせようとするとぼんやりして、妄想だとわかる。

さ、気を取り直して、着替えて、顔を洗って歯を磨きましょう。

さて、次は何をしましょうか。布団を畳んでみましょう。ベッドに寝ている人は掛布団を綺麗に整えてみましょう。部屋も少し汚くなっているかもしれません。今すぐ取り掛かってもいいですが、面倒臭いと思ったらやめておきましょう。できるだけ簡単なことから、少しずつやってみましょう。

やっている最中も、こんなことをやって何になるんだと考えてしまいますよね?

僕もすぐそうなります。それですぐへこたれてしまいそうになります。すぐ横になって、また自分はダメだと攻撃する状態に、なぜか戻りたくなってしまいます。体はやっぱり横になりたいということなんでしょうか。

本当にそうしたいと思ったら、横になりましょう。そして、また10分間限定の妄想タイムを設けましょう。でも、横になってもまたあの攻撃がはじまるだけで、多分きついよなあと思った人は、次の行動に移りましょう。

朝ごはんだけ、つくってみる

調子が悪く、横になってばかりいたので、実はお腹が減っています。食べる気はないのですが、それは面倒臭いということもあるし、そうやって食べさせないことで、罰している感覚もあるのかもしれません。お前なんか、という妄想が食事を抜くということにもつながっているように思います。

でも実は、多くの人がお腹が減っています。

朝ごはんだけ、つくってみるのはどうでしょうか?

死にたくなっている時、料理からは遠く離れてしまいます。食欲もないし、とにかく面倒臭い。ところが、体のどこかでは、ちゃんと料理をして、美味しいご飯を食べたいと思ってはいないですか? 僕は倒れてしまっている時いつも、そう思っています。

今、あなたは起き上がって着替えて顔を洗って歯を磨いて、少しだけ気持ちよくなっている。それは確かだと思います。

カーテンを開けて、窓を開けて、少し風を入れてみませんか？

換気も大事です。死にたいのは、酸欠っぽい状態になっているからかもしれません。

そして、お腹が減っているからかもしれません。

死にたいのは一体何なのかは抽象的でなかなかわかりませんが、酸欠かどうか、お腹が減っているかどうかは確認できます。確認できることを一つずつやってみましょう。

僕が「いのっちの電話」に出て確認した結果、死にたい人のほとんどが食事を摂っていませんでした。つまり、**死にたい人のほとんどがお腹が減っている**のです。

まずはお米を研ぐ

お米を研《と》ぐ、なんてことを書きましたが、調子が悪い時は僕だってもちろんできません。すぐにうなだれてしまいます。体を起こすだけでも必死です。しばらく立っているとすぐに横になりたくなってしまいます。

もちろん無理はしないでください。

でも、体を動かしたほうが、気持ちがいいことは知っています。朝起きて、ご飯でもつくったほうが、うじうじしているよりも気持ちいいことも知っています。

ぐったりするのは、料理のあとにして、もうちょっとだけ動いてみませんか？

台所には洗っていないお皿などが残っていて、なかなかやる気になれないかもしれませんが、そこは放っておきましょう。必要なものだけ洗って、まずはお米を研いでみましょう。

僕は、家で土鍋を使っているので、土鍋でご飯を炊き、味噌汁をつくり、目玉焼きをつくってご飯にのっけて、醤油をかけて食べます。僕はこの3点セットが何よりも好きなので、調子が悪い時でもどうにかつくることができ、食べると、やっぱり美味しいです。みなさんも好きなものをつくってみましょう。とにかく簡単なものを。

はっきり言うと、食べることが重要なのではありません。手を動かすことのほうが大事なので、つくるだけつくっておいて、残してもいいじゃないですか。ラップをかけて冷蔵庫に入れておいて、お腹が減ったなと思った時に食べればいいんです。

食べましたか？　どうでしょうか。意外とお腹が減っていたんじゃないでしょうか。

僕の場合、いつも食欲がないと言いつつ、目の前にご飯があれば、すぐに食べきってしまいます。口の中が鈍感になっているのか、味があんまりしない時もありますが、それでも美味しいとは感じます。

ゆっくり食べることはできず、やはり焦りがありますので、ささっと食べてしまいますが、気にしないでいきましょう。気にするべきは、気持ちがいいか、どうかです。

食べ終わったら、そのまま台所で、お皿を洗ってみるのはどうでしょうか？

きつくない程度に。きつくなったらやめればいいだけです。

でもやればやるほど、体は心地よさを感じているはずです。

もちろん、これは僕の方法を書いているだけなので、自分は全く自炊なんかしない、外で買うほうがいいという人もいると思います。それはそれでいいと思います。

ついでに外に出かける

でも、外に出にくくないですか？

僕は死にたい時に、外に出られなくなってしまいます。近所に住んでいる人に会いたくない、調子が悪いところを見られたくないってことがあるんだと思います。恥ずかしいという気持ちが全開になっていて、自信も失っていますし、なんだか暗く落ち込んでいる顔を見られたくないなと思ってしまうんです。

自意識過剰と言われたら、それまでですが、確かに自意識過剰になっているんだと思います。人は別にそんなに他人のことなんか目に入っていません。気にしないで好きに外を歩けばいいのにと心では思うのですが、なかなかそれができません。

じゃあ、家にいて、安心できるのかというとそうでもありません。外に出られないというのはやっぱり息が詰まって、家の中にいても、どうしようと焦って、部屋をぐるぐる歩き回るだけで、やはり体は気持ちよさを感じていません。

僕も結構、ひどいでしょ?

「いのっちの電話」でみんなの状態を聞いていても、僕よりマシなんじゃないかと思うことが多々あります。よくそんな僕がこんな電話サービスをやってるよな、バカじゃないか、そもそもあまりにも頼りないサービスだなと思っています。

朝ごはんをつくった後、気持ちよくなった体はまだもう少し心地よさを求めているようです。もうちょっと何かできるよと言っているような感じ。

この勢いが残っている時は、ついでに外に出かけましょう。何の目的もなくぼうっと歩けばいいですが、ぼうっとすると、また妄想がはじまってしまいますので、ある程度目的があるといいですね。冷蔵庫を見て、必要なものを確認して、買い出しに行ってみましょう。やっぱり太陽の光は大事です。こもっていないと思うと、それもまた体が楽になるきっかけになります。

とりあえず、悩みは止まらないわけですから、体だけは以前と同じように動かしてみようというわけです。でも、なかなかそれが難しいんですけど。

僕もこうやって書きながら、今は少し調子が悪いのかもしれません。死にたいとまでは思っていませんが、敏感にはなっています。さっきまで書いたことも、そりゃそうなんだけど、それができたら、悩まないよ。体がどうしても動かないんだから、仕方がないんだよと文句を言っているジャイアンの気配を感じます。

その一方で、言われたことは理解できるよ、それができたら、すごく楽になるよ、と思っている自分もいます。このように、体を動かしても、必ず気持ちは揺らぎます。敏感な状態であることには変わりない。それでも「気持ちがいい」と感じることが少しずつ、あなたを楽にしていくはずです。

5章　「いのっちの電話」から

【その1　映画と音楽の男性】

明けない鬱はない

「はい、もしもしいのっちの電話です」

「躁鬱病なんですけど、かなりきつくて、一回、首も吊りそうになっちゃいまして」

「そりゃ大変だ。大丈夫かな。と言いつつ、僕もあんまり調子はよくないんだけどね」

「あ、そうなんですか」

「うん。鬱の時ってこんなひどいことになってるの自分だけってすごい思うよね？」

「思いますね」

「じゃあ、今から自分が感じてることをちょっと言ってみるから、それと比べてみて」

「あ、はい」

「何にも感じなくて、面白いとも思えなくて。自分が好きだったことも、なんで好きだったのか忘れてしまって。毎日気持ちが変わるから、自分がどこにいるのかさっぱりわからなくなって。力を抜くとすぐ、これからもこの時間を過ごしていくと思うと、もう無理かもしれないって気が遠くなって。こんな調子だから人に会えないし、人に会わないとますます孤立しているような気分になって。そしてむちゃくちゃ反省してる。ずっと首のあたりが緊張しててね。焦り続けてるのか気持ちが過去に向かってしまって、今までやれなかったことをどうしてやれなかったんだって考えちゃうから、それで焦っちゃうんだろうね。そんなこと考えなくてもいいんだけど、どうしても止められない」

「はい」

「どう？」

「いやあ、似てますねえ」

「これ本当に死にたくなるよね」

「そうですよね。でも他の死にたい人の生の声って聞いたことなかったんで、聞くと、なぜか落ち着きますね」

「そうなんだよね、しかも明けない鬱はないからね」

「わかっちゃいるんですけどね」

「どうやってこの一日を過ごすかってことが大変だもんね」

「そうなんですよね。どうしてるんですか？」

「とにかくやることやるしかないよね。今は本書いてるよ。鬱の時、死にたい時にどうやって過ごすかってことが書いてある24時間ノートみたいなものがあればいいのにって思うのに、どこにもないもんね。ゆっくり寝ていても、苦しいだけで、それをどうにか耐えつつ、目をつむって寝てるわけにはいかないでしょ？」

「それが一番きついですね。寝てるからって休んでるとは思えない」

「そうなんだよね。お医者さんは薬を飲んで寝てなさいって言うんだけど、こんなに難しいことはない。だからなんとか自分で治療法を見つけ出さないといけない」

「なるほど。自分はなんだろうなあ」

「でも死にたい時って、はっきり言ってそれどころじゃないじゃない？」

「はい。考えられないですから」

「他人が考えたほうがいいと思うんだよね。僕がやってみようか？」

「いいんですか？　お願いします！」

好きなことは何？

「まず好きなことは何？　今は何にも好きだと思えないと思うから、今の話はおいといて、昔好きだったこと。本当になんでもいいんだけど。気軽に」

「映画ですかね……」

「映画監督になりたかったの？」

「いやいや、そんなんじゃないですよ。映画が好きで、ポール・トーマス・アンダーソンとか、グザヴィエ・ドランとか、テレンス・マリックとかが特に好きで……」

「映画撮ってみたらいいのに」

「え……」

「撮りたいって思ったことないの？」

「一人友達がいて、彼と一緒にいつか映画を撮りたいね、と話したこともありました」

「今、チャンスだと思うんだけど。携帯で自分を撮影しちゃえばいいんじゃないの？」

「俺、ガラケーなんですよね」

「ビデオカメラはない？」

「あるにはありますね」

「じゃ、それで撮影してみようよ」

「ドキュメンタリーみたいに自分をですか？」

「うん。でも自分を撮影するからといって、ドキュメンタリーとか言わなくてもいいんじゃないかな。あなたが好きな映画から感じたインスピレーションもいっぱい入れちゃおう。撮影しては、友人に送って彼に編集してもらって、共作するのはどうかな？」

「なるほど。それは面白そうですね」

「全く興味関心がなかったはずだけど、今は面白そうだと感じてる？」

「はい、感じてます。不思議ですね」

「他人があなたを見て、いいところを見つけて、こういうのをやったらいいじゃないって具体的に細かいところまで決めたら、あなたもやろうと思えるんじゃないかな」

「そうですね」

「しかも、その人独自のものじゃないとダメなんじゃないかと思っててね。ただの作業療法よりも、その人特有の、あなただけの作業療法を見つけ出す必要があると。癒やすというよりも、それを見つけ出すことがこの電話の目的でもあるのよ」

時間をうまく過ごすこと

「それはありがたいですね。実は僕、映画も好きなんですけど、音楽も好きで……。そっち方面でも何か独自の宿題見つけてもらいたいんですが」

「どんな音楽家が好きなの？」

「一番好きなのは、スティーヴン・ウィルソンですね」

「全然知らなかった。へえ、どのアルバムが好きなの？」

「Hand. Cannot. Erase. というアルバムがあって、それがすごい好きですね。でも、僕は聴くのが専門で、自分で演奏はできないんですよ」

「じゃあ、まずは僕にあなたが好きな音楽を選曲して送ってよ」

「あ、いいですよ」

「あと、僕も自分で歌をつくっているんだけど、インターネット上にすべてアップロードしてるから、それを聴いて、次のアルバムに入れるとしたら、どの曲を入れたらいいかを選んでみてよ。あなた、目と耳がむちゃくちゃ利く気がするから」

「わかりました！」

「映画を自分でつくったら、サウンドトラックもつくってみたらいいじゃない。楽器が弾けない時は、練習してうまくなろうとするんじゃなくて、今できることだけで何ができるかって実験したほうがいいと思うよ。ピアノとかキーボードとかないの？」

「小さなキーボードならありますね」

「あるんじゃん！　それで単音だけで、心地よい音楽をつくるとか制限決めてやればいいんだと思うよ。僕たちの目的は時間をうまく過ごすことで、何もせずにやり過ごすとか寝て過ごすとかできないんだから、ここはひとつ諦めて、どうやったら充実できるのかを考えるしかない。やる気がないまま時間を過ごしていると、無性に死にたくなってしまう性質を持っているから、自分にしか合わない作業療法を見つけ出して、それに夢中になってると、自分の長所が活かせて、自信もつくと思う。とにかくゆっくりしつつ、横になれずに苦しくなってきたら、この宿題をやってみたらいいんじゃないかな」

後日、彼はすぐに選曲して送ってきてくれた。さらに僕の次のアルバムに入れたらいいんじゃないかという曲も選んでくれた。メールの最後にこう書いてあった。

〈この宿題にて、とにかく楽曲に集中し、頭の中全て楽曲に向かう事で、思考の悪循環や気分の低下を防ぐ事ができた気がします。この作業をしている時間は、憂鬱さもなく、不安もなく、とにかく夢中になって作業できました。楽しかったです！　ありがとうございました〉

【その2　受験を控えた高校生】

まず受験勉強をやめよう

「今、高校生で、死にたいと思ってるんですけど」

「えっ！　何年生なの？」

「3年で、今年受験なんです」

「死にたいくらいなら、ひとまず受験勉強やめようよ」

「両親が大学に行ってくれって言うんです。余計な心配かけちゃだめだなと思って」

「でも死にたいんでしょ？　あなたが死にたいってこと、両親は知ってるの？」

「そんなこと言いません。なんと言われるかもわからないし」

「なかなか言いにくいのはわかるけど、でも死んじゃったら、そっちのほうがショックだし、立ち直れないんじゃないかな。両親のこと心配するなら、逆に、伝えたほうが良さそうだけど……」

「はあ……」

「それはいいとして、とりあえず死ぬよりも先にできることをやってみようよ」

「はい」

「じゃあ、まず受験勉強をやめよう」

「えっ、でも、それは……」

「やりたいの？」

「やりたいわけじゃないです。でもやらないと両親を失望させちゃうかと思って」

「それだと死ぬことが一番失望というか、絶望させちゃうと思うんだよね。受験は受験で大事だと思うし、両親は大学に行くことを望んでるけど、自分は行きたくない、でもやらなくちゃいけないし、やるとなると受験はむちゃくちゃ大変だから、少しずつ嫌になってくる。それで我慢できなくなる。まず、やりたいことって何かある？」

まっすぐ向かえばいいじゃない

「好きなことはあるんです」

「それはいいね！　なに？」

「アニメーションが好きなんです」

「ちゃんとあるじゃん。それなら死ぬ前に、まずは好きなアニメーションのことをとことんやってみようよ。僕はね、高校生の時、建築家になりたいと思って、でも、建築家っていってもぼんやりしてたから、図書館に行って、過去の建築雑誌を片っ端から眺めて、一人だけでも好きな建築家を見つけようと思ったの。それで見つかったわけ。石山修武という建築家で、この人なら学んでみたいと強く思った。それが高校2年生くらいの時。氏のところで学ぶにはどうすればいいかと調べたら、早稲田大学の建築学科というところで教えているって知って、志望校を早稲田大学理工学部建築学科だけに絞った。でも、成績はそんなによくなかった。1年生と2年生の時はそんなに悪くなかったから、指定校推薦でいけるかもしれないとはわかったんだけど、理工学部は10以上学科があって、建築学科の募集が来るかはわからない。でも、たまたま来て、建築学科に入学できた。募集が来なくても、上京してその人に会いに行こうと思ってたから、この人に学びたいという人を見つけることが先決だと思うんだよね」

「学びたい人は新海誠監督なんです」

「そっか……学びたい人はできるだけあんまり知られてない人のほうがいいな。そうじゃないと、どこの馬の骨かわからない若い人間が飛び込みで学べるという可能性が低くなるから。新海誠さんだと有名すぎて、みんな殺到してるかも？　こういう時は、新海誠さんが所属してる会社があるはずだから、そこで求人を見てみるんだよ。今、見てるけど２０１９年の求人は締め切ってるね。定員に達したんだって」

「そんなことができるんですね」

「そうそう、とにかく自分がやりたいことに近づいていくことが一番楽しい。だから、それが大学の中にあれば、そこに行けばいいし、大学でなくても、どこにでも転がってるもんだから。何も考えずに大学に行って、それで卒業しても、就職したいかもわからず、そもそもしたいことが何かもわからない人が多くて、途方に暮れてるという電話がかかってきたりもするよ。あなたはやりたいことがはっきりしてるんだから、そこにまっすぐ向かえばいいじゃない。自分が好きなことを徹底して学べば？　死ぬより全然面白いと思うけど。もっと細かく教えて。アニメーションの何をやってみたいの？」

「音響なんですよ」

「細かく見えてるじゃん。見えすぎてて、ぼんやりと大学進学とか考えるから死にたくなったんじゃないの？　新海誠さんの映画の音響は山田陽さんという人がやってるみたいだよ。そこなら、まだ門戸が開いているかも。とにかく自分にぴったしのところを探したら、必ず門戸は開いてるもんだから。東京に住んでるの？」

「はい」

「じゃあ、明日、そこに電話してみなよ。電話番号は自分で調べてみたら？　話してたら死にたいとかそれどころじゃなくなってきたね。とにかくやってみたらどうかな。高校生だから、無給でもいいんで、現場見せてください！　って言えば、相手が面白い人ならなんとかなると思うけど」

「そうなんですかね」

「やってみたら？」

「はい、受験はどうするかはともかく、まず電話してみます」

「また困ったら電話して。ここまで話して死なれたら、僕も辛いので。とにかく死にそうになったらまたこうやって、好きなことをどうやってやるかってことを話そうよ」

「はい」

固まった思考回路の中にいる

学校の中にいたり、会社の中にいたり、家族の中にいたりすると、なかなか他の人の意見を聞くことができずに、それで思考回路が固まってしまう人がいます。

ちょっと離れたところから見ると、「えっ、そんなことで死にたいのか！」と思われる人がいるかもしれませんが、中にいるとなかなか外からの風を感じにくいし、感じたとしても自分の中に取り込むのが難しかったりします。鬱状態になっている時がそもそも、同じ思考回路の中を延々と回っているような感じになりますので、さらにそれがある集団の中で繰り広げられてしまうと、手がつけられなくなるようです。

僕は、こういう人たちは悩んでいるだけだから死なない、とは思っていません。むしろ、自ら命を落としてしまった人は、こういう状態にあったのではないかと思います。離れたところにいる人と話をすることができたら、気持ちが変わったかもしれないと。

もちろん、仮の話に過ぎないですが。

でも、死ぬ人はどんな助けが入っても死ぬ、死なない人はどんなに死ぬと言っていても死なない、と簡単には言い切れません。僕はむしろ違うのではないかと思っています。死ぬ必要がある人なんて一人もいない、**死ぬと決めている人ですら実は、とても固まった思考回路の中にいるからそうなっているのであって、そこから離れたら、死ななくていいと思えるはずだ**、と。

僕はこれまでたくさんの死にたくなっている人の声を聞いてきましたが、自殺してもおかしくないと思った人はほとんどいませんでした。話をすれば、何か方法もあると思えるし、苦しいかもしれませんが、もうすべて終わりだとどんなになってしまっていても、二人で話すと、実はそこまで絶望的な状態になっているわけではないと、感じることが多いです。もちろん、相手がどこまでそう感じられているのかはわからないのですが、話をすることで、必ず何か突破口が見えてきます。

なぜ死んではいけないのか、と聞かれても、僕には答えはありません。

もしかしたら死んではいけないとは思っていないのかもしれません。僕も自殺で友人を亡くしたことがあります。自殺した人たちの人生についても肯定しています。ただ、それは「いのっちの電話」をはじめる前でした。彼らの死は僕が「いのっちの電話」をはじめるきっかけの一つになりました。

周囲に漏らしていい

死にたい時は僕も「死んだほうが楽になる」と本気で思っています。でも、ただ死にたいと思っているわけではありません。「この苦しい状態が楽になるのであれば死のうとは思わないのに」と考えてはいるようです。しかし、死にたい状態からいつかは抜け出せるという思考が全くできなくなっています。それは誤解でしかないと今ならわかるのですが、鬱の真っ最中の時には全くそう思えないのです。

死にたいと思っている時は、ここから抜け出せるとは絶対に思えないような思考回路に入っている。

これは頭に入れておきましょう。

とはいえ、これが何の励ましにもならないのは僕もわかっています。死にたくなったら読み返そうと思って、元気な時に書き残していたメモを読み返しても、全く効果がありません。

自分で自分に言い聞かせても、死にたいという思考回路の中に入り込んでしまっている以上、外からの風が入り込んでこない限り、死にたいという気持ちはどんどん強くなっていきます。死にたいと思った時にはまず、自分が死にたいと思っていること、つまり、この思考回路に入り込んでいる状態だということを、周囲に漏らすことがとても大事なことだと思うんです。

でも難しいですよね。家族や友人にこのことを伝えるのは。

僕ももちろん恥ずかしいですが、とにかく周囲に言葉で知らせるようにしています。しかし、電話をかけてくるほとんどの人は、誰にも言うことができずにいます。どうにか平静を装いながら、会社に行ったり、学校に行ったり、家族と暮らしたりしているのです。

これはどう考えても苦しいです。多少迷惑をかけていると感じたとしても、死にたい、と思っていることは周囲に伝えたほうがいい。そうしないと「ここから抜け出せない」という強い妄想からは離れることができません。何事にも絶対ということはありえないはずですが、理屈ではわかっていても、脳の誤作動は止まることを知りません。最終的には「もう永遠に抜け出せない」という妄想にまで発展してしまいます。

僕に知らせてください

実は、死にたいと思う気持ち自体も、他の感情と同じように、波があります。なので、今、とてつもなく死にたい場合、波がかなり強くなっている可能性が高いです。

この波はいずれ引きます。死にたい気持ち自体は変わらないとしても、その強弱は変わっているはずです。しかし死にたいと思っている限り、ここから抜け出せないという思い込みから抜け出せません。だからこそ他人が必要なのです。この本も、直接他人と言葉を交わすことよりは頼りないかもしれませんが、効果はあります。読書は他人と会わずに他人と会えるもので、死にたい時に風通しを良くする最適の方法と言えます。

気楽な読み物も気分転換になりますし、僕はいつもきつい時、サミュエル・ベケットという小説家の精神的に大変だった時期の評伝を読み、「あ、自分はまだマシかも！」と思えて楽になったりします。僕は「自分はまだマシかも！」と感じるために絶望的な人の自伝や評伝をよく読みます。そして、僕自身もみなさんに「坂口よりはマシかも！」と感じてもらえたらいいなと思いながら本を書いているところがあります。

この本は僕自身の波の満ち引きのままに書いています。あなたも自分の波を感じてみましょう。

波が強すぎて、本を読んでいる場合じゃないと思った人は、迷わずに０９０８１０６４６６６に電話してください。

携帯電話の番号を不特定多数の人に教える本なんか出しちゃって、大丈夫なのかと心配してくれているかもしれませんが、あなたが死ぬよりもいいいいいいいいじゃないですか！

ここはひとつ、お互い様の精神で、気楽にかけてきてください。

死ななきゃなんでもいいんですから。

どんどん電話をかけて、死にたいということを、僕に知らせてください。

その行為自体が、あなたの助けになるんです。

「いのっちの電話」は公共施設

死にたいという思考回路だけが頭の中をぐるぐると回り続けている状態では、なかなか会社や学校で誰かに相談するなんてことは思いつきません。

家族にも伝えることは難しいようです。身近な人にほど本音は言えないのでしょう。

だからこそ全く別の空間が必要なのです。

「いのっちの電話」は、そういう空間のつもりです。僕は建築家になりたかったのですが、実際の建築物はどうしても所有者以外は使えないですし、そもそも土地を所有することについて疑問を抱いてしまい、設計することはやめてしまいました。「いのっちの電話」は壁も屋根もないですが、建築だと僕は思っています。ここには誰でも入ることができます。お金もいりません。時間も気にしなくていいです（夜9時から午前4時までの間は寝てます。でも、着信履歴が残っていたら折り返します）。

「いのっちの電話」は僕が勝手につくった公共施設です。こんな場所があればいいなと僕が夢想したことを、具現化してみたのです。だから、遠慮なく頼りましょう。もちろん、死にたい、と思った人に限ります。それ以外の悩みはどんどん一人で悩みましょう。それもまた意味があることです。

【その3　親とうまくいかない優しい女性】

声は嘘つけない

「前も電話したんですけど」

「そうなの？　すごいまだ生きてる。それだけで褒めてあげたいね」

「えっ、そうなんですかね……でも何にもうまくいってないですよ」

「でも、自殺はしてないじゃない。それはすごいじゃないの。死にたいって言って電話してきたんだから」

「私のこと覚えてますか？」

「ごめん、あんまり覚えてない。でも、声は覚えてるよ。名前もなにも聞かないし、何を話したのかは大体いつも忘れてるけど、忘れてるというか頭のどこかにはあるんだと思うけど、引っ張り出せない。でも声はいつも覚えてて、その声にどうやって合わせたかはなんとなく覚えてるよ。もう何千人って電話に出てきたから、知らないうちに、声を聞けば、いろんなことを感じるようになった」

「そうなんですね。また調子が悪くなってきてて」

「声を聞くと、まだ元気そうだけど。死なないなと確信があるよ。僕には」

「そうなんですけど。多分一番悪い状態じゃないです」

「悪いどころか、むしろちょっと良さそうに感じるけど」

「そんなことないですよ。ボロボロです」

「そうかなあ。声はとてもいいけどね」

「家族のことで悩んでて」

「自分がこうなったのは、親のせいだって思う感じかな？」

「そうですね」

「僕も調子が悪くなると、いつもそうなってしまう。これは一体、なんだろうね。調子が悪いってサインでしかないと、今ならわかるんだけど、調子が悪い時は本当にそれを考えちゃうよね。もちろん、虐待なんかを受けて、それで苦しんでいる人もいるからね。そういう場合はまた違うと思うんだけど、そういうわけじゃない?」

「虐待を受けたわけじゃないですね」

「僕もそうなんだけど、死にたい時はなぜか必ずこうなったのは親のせいだ、と考えてしまうよね」

「はい」

「僕の場合、いつもそれは勘違いだけどね。なぜなら元気になったらそんなこと一言も言わないからね。あなたも声を聞いてたら、素直にまっすぐ育ってる感じだけどね」

「そんなの声でわかるんですか?」

「はっきり何かがわかるわけじゃないんだけど。生き方って声に一番表れるんじゃないかな。僕自身、『いのっちの電話』で、感じることができるのが声だけだからかもしれないけど。声は嘘つけないからね。声を聞いてなんとなく感じたこと話してもいい?」

自分で診断しないほうがいい

「あなたは素直なとても優しい人で、でもだからこそ、仕事とかで、キツキツのところ、上司とかも余裕がないような、みんな黙っているような職場だと、気を遣いすぎて、疲れたり、意地悪な人には結構突っ込まれて、天真爛漫なところが嫌な感じに映ってしまって、嫌われたりすることもあるのかもしれない。だから、そういうあんまり真面目な職場は、気質に合ってないからやめたほうがいい気がする。できるだけ自由なところにいたほうがいい。親との関係も、深刻に真面目に考えると、窮屈になって疲れそうな気がするから、ある程度距離を保って、気が向いた時に連絡して、できるだけ一緒にいないほうが良さそう。他人のイライラとかに巻き込まれないようにしたほうがいいんじゃないかな。わざわざ近づいて、文句を言われて落ち込んだりしてそうな気がする。気が合う人とはどんどん深く付き合えばいいと思う。親と同居してるのかな？」

「そうなんですよ。娘と二人で、実家に戻ってきてる状態です。私、発達障害も入ってると思うんです。仕事も全然うまくいかないから」

「それは親とは別居したほうがいいね。そっちのほうが楽だと思うけど。あと、本当に発達障害なの？　自分で診断しないほうがいいと思うよ。ネットかなんかで読んで自分は病気なんだって、調子が悪い時には妄想しちゃうし、おそらくそのほとんどが勘違いだと思うから。だって、死にたい時は頭の中で妄想がどんどん発生しちゃってるから、自分では冷静な判断だと思ってるかもしれないけど、全く冷静じゃない。僕がそうだから。僕は医者じゃないし、病気かどうかは診断できないからわからないけど。とにかく話している声で判断するだけ。あなたは多分、気が合う仕事をしてる時は、そのことは問題になってないはずだけどなあ」

「わかるんですか？」

「いや、もちろん確信持って言ってるわけじゃないよ。ただ、その人それぞれの気質っていうのか、特徴みたいなものは敏感に感じるのかも。それが僕の得意なことだと思う。僕もサカイ引越センターとかで働いたことがあるけど、ことごとくうまくいかなくてね。上下関係があるところすべてうまくいかなくて、どの職場でも失敗ばかりだった。でも、それなら自分で会社をつくればいいんじゃないかと思って、今、会社をやってるけど、働いている時のストレスはほぼゼロになったよ。もちろん、躁鬱の症状はそれでも出るからきついけどね。でも、ホテルのバイトは合ってたねえ。ホテルマンは天職だと思った。サービスするのが好きなんだと思う。人を幸せにするのが好き。僕が感じてるのは、あなたもそんな感じがするってことで、これはとても失礼かもしれないんだけど、なんというか、あなたは水商売とか、つまり、キャバクラとか、正直いうと、性サービスをする仕事がとても合ってると思うんだけど」

風俗もいいんじゃない?


「やってました……」

「あ、自分でわかってたんじゃん。気が合う仕事。人間って自然と自分がうまくやれるようにそうやって見つけてるもんね。でも、親元に戻るからとか、そういうことで、真面目に考えて、やめちゃったとか」

「それだけじゃないですけど、でも、はい、そうですね。男とも全然うまくいかなくて」

「男も、結婚して、一緒に生活しようと思うからうまくいかないんじゃないの? 自分がその日に気になった人と、その日だけ楽しむとかそういうわけにはいかんのかね?」

「それはいいですね。でも、私、どこかはすごい真面目でそれでむちゃくちゃ悩んじゃうんですよ」

「そうやって悩んで、動きを止めて、それはそれで身を守ってる可能性もありそうだなあ。好きにただやってたら、体を壊しちゃうのかも。でも、今の環境が窮屈に感じているなら、また、風俗で働いたりしてもいいんじゃない? サービス好きでしょ」

「好きですね」

「僕も大好きだよね。『いのっちの電話』なんか、これこそ僕が求めていたサービス業だと思ったもんね」

「でもお金にはなってないでしょ？」

「1円にもなってないはずだけどね。でもそういうことじゃないよね。最高に好きなことにお金もかけずに毎日夢中になれてるんだから、それはそれで幸せだよね。使命感とかでやってるわけじゃないよ。ただ好きでやってるだけだから。しかも、こういう電話サービスがあれば、今すぐにでも利用したいって人も途切れることなくいてね。もちろん、元気がない時は、なんでこんなことやってるんだろうって思うけど。というか、もう元気になってない？」

「なってるかも。ありがとー」

6章　自殺者をゼロにする

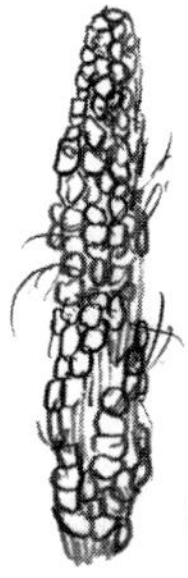

「今をどうやって過ごすか考えよう」

どうやら僕は「人のいいところを見つける」ことがとても得意なようです。自分のことは全然わからないのに、人のいいところはすぐに見つけることができます。

自分の内面を観察すると、いつもこんがらがってうまくいかずにすぐ死にたくなってしまうのに、外の世界に目を向けて、他人を観察すると、初めて話す人でも、電話で声を聞くだけで、すぐにその人の特徴、性格、長所、容姿だって目に浮かびます。

だから「いのっちの電話」をやっているんだと思います。これは天職だと言ってもいい。1円にもなっていませんので、僕は他に仕事をしなくちゃいけない。というわけで仕事をはじめていると、朝から「いのっちの電話」がかかってきます。僕は「ながら」作業のほうが効率よく進むので、邪魔が入るのは、邪魔ではなく大歓迎です。

「躁と鬱の混合状態で、落ち着かないんですよ。何をしたらいいかわからなくて。あ、おはようございます」

「昨日は寝れたのかな?」

「8時半に睡眠薬を飲んで、布団に入って、10時には寝たと思います。それで5時に起きました」

「じゃあなんとなく大丈夫だね。もう寝なくてもよさそう。普段は何をやってやりすごしてるの？」

「今月は編み物をしました。マフラーを2本編んで、今3本目です。でも、今日は落ち着かなくて、どうしたらいいのかわからなくて」

「あなたは人に施すっていうか、サービスをするのが好きそうね」

「そうですね。介護福祉士の資格も取りました」

「今仕事はしてるの？」

「介護の仕事に戻るのが夢なんですけど、今はまだ働いてません。昼からは作業所でやりすごしているのでなんとかなるんですが、それまでの時間がいてもたってもいられなくて」

「介護は向いてると思う。人がどんどん集まってきそうな感じがするし。いつか戻ってみたいね。もうやりたいと思うのならやってもよさそうだけど。でも、何よりも今ね、今をどうやって過ごすか考えよう」

「そうなんですよ。一日をどうやって過ごすかを自分でうまく組み立てられなくて」

「自分でできないことは自分でやらなくてもいいんじゃない。いいところいっぱいあるし、あなた興味深いよ。編み物は楽しいよね。僕も今セーター編んでる。でも体は動かしてない感じがするんだよね。そういう時は僕は料理をするけど、料理は好き？」

「あ、はい、好きです。料理」

「よかった。じゃあ、今から少しだけ時間がかかる料理をつくってみよう。朝ごはん用に。ロールパンはどう？」

「つくったことはないです」

「クックパッドでレシピを見れば簡単につくれたよ。イースト菌はある？」

「ないですね」

「薄力粉は？」

「あります」

「じゃあ、着替えて朝の散歩がてら、イーストを買いに行こう。そして、ロールパンをつくってみようか。2時間かからないよ」

「はい。やってみようかな」

「じゃあ、時間割を今から言うね。今日は僕が言った通りにやってみたら？」

「はい」

「今から近くのスーパーに買い物に行ってイーストを買ってロールパンをつくって。8時頃にはできるからそれで朝ごはんを食べよう。そうすると、9時くらいには食べ終わってる。食べ終わったら、ちょっと落ち着くはずだから、そこで、よくやったなあと振り返りつつ1時間休憩取ってみて。その後、近くの公園とかで、10時から散歩しよう。無理しないように。それで帰ってきたら11時。家に着いたら、また1時間休憩。それで12時になるよ」

「予定が決まってると、やりやすいです」

「どうすればいいかわからなくなったら、また電話で伝えるからかけてきてね」

「助かりましたー」

ただ、混乱しているだけ

なんでそんなこともわからないのか、と思われる人もいるかもしれませんが、困っている人はパニック状態になっているので、落ち着いて考えることがなかなかできません。そわそわして落ち着かない、というよりも、頭が混乱しているから、考えることができないのです。何をするかを自分で考えることは当然と思っていますから、それについては人に聞かないわけです。

そうやって何をしたらいいのかわからないまま過ごしていると、いてもたってもいられない、とか、落ち着かない、とか、自分は時間を過ごすことができない、と思い込んでしまいます。でも実は、ただ人が伝えてあげればいいだけなんです。そうすれば動ける。

もう絶望的な状態だ、と思ってしまっているかもしれませんが、そんなことはありません。ただ、混乱しているだけです。そういう時は人が伝えてあげたらいいんです。こんなに簡単なことですが、他人に一日のスケジュールを決めてもらえるような環境は今の社会ではどこにもありません。

どうやって時間を過ごしたらいいのかわからないという些細な悩みがきっかけになって、死にたくなることもあります。健康な人には馬鹿げたことに見えるかもしれませんが、そんなことが度々起きてしまうのが、鬱状態です。お腹が減っただけで死にたいと感じ、少し体が冷えているだけで死にたいと感じ、眠いだけで死にたいと感じます。

僕自身もそうなります。つまり、**死にたくなっても、ただ人に伝えて、その日の過ごし方を決めてもらうだけで、楽になったりするんです。**

そう考えると、学校も悪いものではないかもしれません。僕自身、高校生までは死にたいとは一切考えたことがありませんし、中学生くらいからは不調がはじまりましたが、それでもどうにか持ちこたえたのは、おそらく「人にスケジュールを決められていた」からだと思います。では、会社で働けばいいのかというとそうではありません。仕事だと、やらないと怒られます。それだとやっぱりきついです。

学校では、勉強もあれば、運動もあれば、図画工作もあります。そして、それぞれが1時間ごとに区切られています。間には休み時間まであります。どれもやりたくなければやらなくてもいいわけです。そうやって、スケジュールが決められつつ、いろんなことをする、そして、適度に休みが入っている。その環境が良かったのでしょう。

あなたが何一つ悩むことなく、健康に過ごせていた時期はいつでしょうか?

ぜひその頃のスケジュールを思い出してみてください。朝は家で何をしていたか、学校ではどんな時間割だったか、部活はしていたか、放課後はどうやって過ごしていたか。他人に相談できない人は、昔の元気だった自分という他人に聞いてみましょう。

そこにあなたが健康でいられるヒントが隠されているはずです。

その当時にやっていたスケジュールのままに一日を過ごしてもいいかもしれません。

声だけの空間

僕は建築家を志してきましたが、結局、地面に定着している建築物はひとつも設計しませんでした。

でも、僕は自分なりの空間をつくったつもりです。

それは**声だけの空間**です。人間の声が行き交うことで発生する公共施設。

死にたい人がいつでも助けを求められる公共施設こそ、一番必要なのではないでしょうか。

だからこそ僕は「いのっちの電話」をやっています。もちろん、政府も「いのちの電話」を実施してはいます。ただ、現状としては数パーセントしか電話はつながらず、電話を受ける人も完全に無償で、しかも匿名。これではなかなか難しいのではないかと僕は思っています。知人にも相談できないけど、完全に匿名の人ともうまく話せないと、僕に電話をかけてきた人は言います。

僕自身、以前は「新政府いのちの電話」と名乗っていたのですが、「熊本いのちの電話」から商標登録侵害の件で訴えると警告されてしまいました。「いのちの電話」が商標登録されていることを知らず、使ってしまった僕が悪いのですが（それ以来、「いのちの電話」よりもかわいらしい響きにしたくて、「いのっちの電話」と名乗っています）。

しかし、僕自身、それで金銭を受け取ろうとしたわけではなく、つながらない「いのちの電話」に少しでも役に立てないかと思ってはじめたので、残念なことではありました。

正直なところ、政府が自殺対策を真剣にやっているようには思えません。国からは多額の税金が自殺対策に投入されていますが、どのようにお金が使われているのかよくわかりません。

しかし、僕が死にたい人の声を聞くかぎり、やはり自殺対策は絶対的に必要です。しかも、それは旧来の役所仕事の範疇ではありません。また、薬を処方することが基本的な仕事である、精神科の病院だけでは手が届かないような気がします。

もっと根本的に変える必要があります。

２０１１年から電話番号を公開して悩みを聞きはじめ、２０１２年に「いのっちの電話」と名乗り、もう10年が経ちますが、実際にかかったお金は毎月払う携帯電話の金額だけです。2万円いかないくらいで、その半分は僕が仕事で使っているから1万円が費用としても、毎年12万円の8年ですから100万円もかかっていません。

はっきり言って、死にたい人の電話を受ける仕事はお金がかかりません。ただのサービスマンである僕が無償でやっているからそうなのですが、それでも初期費用も何もかからないんです。施設もいりません。誰もが在宅で仕事ができます。

ただの絶望ではない

というわけで、ここで僕はひとつ妄想をしてみましょう。

2016年5月には「いのちの電話」にかかってきた数が約5万5000件あったそうです。しかし、実際につながった数は6パーセントの3200件ほどだったとのこと。これではほとんどつながっていないと言っても過言ではありません。

これを「いのっちの電話」が担当することにしましょう。平均で毎日1833件の電話がかかってきているので、それを僕が今担当している1日平均5件で割ると、366。つまり、僕みたいな人が366人いれば、日本で死にたいと思って、電話をかけてきた人すべてに対応できるようになります。

それぞれの携帯電話の経費が年間12万円ですから、366人分払えば4392万円。それぞれに年間平均年収分（2018年）の給料を払うとして、441万円ですから16億1406万円。全部で17億円あれば、すべての死にたい人に対応しつつ、電話を受ける人にもそれ相応の給料を支払うことができます。

ちなみに、2018年の日本の自殺対策関係予算は750億円を超えています。その中で「寄り添い型相談支援事業」（悩み相談窓口「よりそいホットライン」を実施する団体への補助金）にかかっている税金は2019年に290億円となっていますから、その15分の1ほどの金額で、すべての人の電話に出られるんです。

僕に自殺の問題について指揮をとらせてほしい。

そう思うこともありますが、なんせ僕は新政府の初代内閣総理大臣ですから、そうはならないでしょう。僕の新政府とは僕のツイッターのフォロワーのことで、今は8万人以上います。そのフォロワーだけで賄うと考えると、一人年間約2万円の税金を僕に払ってもらえば、366人を雇えます。そうやって勝手に公共事業をするしかないのかもしれません。どう考えても今の税金がまともに使われているとは思いづらいです。

――もちろんこれは妄想です。

しかし、自殺者をゼロにするということは夢想ではないと思います。それは強く思います。今を生きる人々が、自殺で命を落とすことがないように、やれることをやってみたい。

だから**僕は今でも自殺者をゼロにすることを諦めていません。**

死にたいと思うことが、僕からなくなることもないでしょう。もう死んだほうが楽かもしれないと今でも考えてしまうわけですから。それでも最後には、いや、死なない、と決めて立ち上がっています。それはみなさんも同じだろうと思います。

死にたいと思うことは、ただの絶望ではないと、感じているからかもしれません。

これは僕にとってもひとつの大きな力です。

死にたい時は、何の助けにもならない、ただの厄介で、手に負えない感情だと思ってしまいますが、その時に考えたこと、継ぎ目もなくずっと深く考えたことは、必ずその後の人生で別の形になって体の中で活かされていきます。だからこそ、

1・死にたいと思うことについて研究すること

2・でも自殺はしない方法も研究すること

この二つの角度から考えていくことが大切だと思っています。

警察署の刑事からの電話

これまで10年近く「いのっちの電話」をやってきましたが、電話をかけてきた人でそのまま亡くなった人はいなかったんだとわかったのは、とても悲しいことがきっかけでした。

2019年1月3日に一本の電話がかかってきました。相手は警察署の刑事でした。彼は「元日にある女性が自殺で亡くなった」と言いました。それで彼女を身元調査していく中で、元日に最後に電話をかけたのが僕の電話番号だったので話を聞きたいということでした。

警察から電話がかかってきたのは、電話を受けはじめて以来、初めてのことでした。僕は驚きつつも、すぐに悪い予感がしました。元日に電話がかかってきた人の中で、かなり危険だと感じた人がいたからです。

僕は普段は絶対に電話番号を登録しないのですが、この人だけは、心配で、毎日でもいから電話したらいいよ、心配になったらこっちから電話する、と伝えていたからです。刑事の話を聞いていると、自殺したのはおそらくその女性だと僕は感じました。50歳代の女性でした。

刑事は、自殺した人が見つかった後、どのような調査をするのかを教えてくれました。どのような経緯で亡くなってしまったのかを家族に説明するため、さらには殺人などの可能性がないかを調査するために、死後、身辺を調査するのだそうです。それで僕のこともすぐ見つけ、僕が坂口恭平という人間であること、さらには「いのっちの電話」と称して、死にたい人のためのホットラインをやっていることも知っていました。

僕の行為自体には事件性はないということで、事情聴取されたりすることはなかったのですが、その話の中で、刑事は自殺の現場を調査することが多くなっていること。その度に体がショックを受け、自分も鬱状態に陥るようになったこと。さらには自分の妻も鬱病を患っていて、自殺していく人々が他人事ではないことも吐き出すように言いました。

もしも私が死にたくなったら電話するかもしれません、とも言いました。

「これからも続けてください」

その女性は僕と電話している間も、死を覚悟しているように感じられました。

もう死ぬしかない、そう決めていて、それでも何か最後、人と話したくなった、だから電話をしたと言っていました。僕にはそう言われた経験があるから、どうにか話して説得しようと思いましたが、明らかに他の人と覚悟の度合いが違うことをすぐに察知しました。どうすればいいかわからず、何か好きだったものはないかと尋ねると、読書が好きだったと返事してくれたので、僕は書いている途中の、まさに元日も休まず書いていた、『カワチ』というタイトルの長編小説の一部を朗読しました。

読んでいる間黙って聴いてくれていたので、僕は闇雲に読み続けました。おそらく1時間くらい読んでいたと思います。途中で何度かやめようとしたのですが、もっと聞きたいと言うので、僕は彼女が満足するまで読もうと思ったのです。

1時間くらいすると、「ありがとう」と言われ、僕は朗読をやめました。本は出版されているのかと聞かれ、まだ書いている途中で、原稿用紙2000枚分もあるから出版社が出してくれるかはわからないと伝えると、「絶対に出版して。面白いから。最後まで読んでみたい」と言われました。

僕は嬉しくなり、もしかしたら、死ぬのを思いとどまってくれたのかもしれないと思ってしまいました。少し油断してしまったのだと思います。全部で2時間くらい電話し、その後、彼女は「ありがとう」と言い電話を切りました。とても聡明な女性で、彼女は聞き取る、読み取る能力がとても優れていましたので、それを伝えたのを覚えています。途中で何度か笑ってくれたことも、もしかしたら、大丈夫かと思ってしまった原因です。それでも心配ではあり、翌日、電話をこちらからかけようと思いましたが、踏みとどまりました。その時にはおそらく亡くなっていたんだと思います。

電話をかけてくれた人が亡くなったのを目の当たりにしたのはこれが初めてでした。僕はずっと電話に出さえすれば、絶対に死ななくなる、という確信を持っていました。それが完全に崩れました。大丈夫だと思っても、いつ自殺を実行してしまうかはわからない。僕は誰かが亡くなってしまったら、「いのっちの電話」をやめるしかないのかもしれないと思っていましたので、もうやめようと思いました。

ところが、刑事の話を聞いている中で、やっぱりここでやめたらダメなんじゃないか、自殺で亡くなる人をゼロにするために、行動したいと思うようになりました。刑事から「これからも続けてください」と言われたことも大きかったんだと思います。

誰にでも起こりうること

もちろん、僕はただの素人です。医療関係者でもカウンセリングの資格を持っている専門家でもありません。だからかなり無茶をしていることも確かです。

でも、僕自身死にたいと思うことがあり、しかも、医療の現場ではそういった経験者が、死にたい人に接するという機会はほとんどありません。だからこそ伝えられることがあるのではないか。

僕には甘い考えもあったんだと思います。本当に亡くなってしまうこともある。何もできないこともある。もしかしたら僕が原因で亡くなったのかもしれない。いろんなことを考えます。

だけど、やめようとは思わなくなりました。やはり自殺に対する動きはまだとても小さいものです。人はできるだけそこから離れようとしているようにさえ思えます。ここまで自殺者の数が社会問題化しているにもかかわらず、人は健康であることがすべてで、心に病を抱えていることはやはり今でも何か恥ずかしいもの、後ろめたいもの、人にはなかなか口にできないことになっています。

死にたいなんて考えないほうがいい。

でも、僕が感じている現実は違います。何も問題がないように思える人でも、僕のところには死にたいと電話をかけてきます。まわりの人にそのことを知ってくれている人が一人もいないと言う人も多いです。とにかくこのことから目をそらしたらいけないと思っています。僕自身、目をそらしようがありません。放っておいても、度々死にたくなってしまうのですから。

死にたいと思うことは何も悪いことではありません。僕の経験から言うなら、**誰にでも起こりうることであり、生きている中でいたって普通のことです。**むしろ、それがない人を探すほうが難しいくらいです。ですが、対話がされなすぎて、ないことになっているだけです。

必要なのは、対話ができる場所をつくること。目に見えるところにつくってもなかなか集まりにくいのが現状です。目に見えない場所。でも確実にある場所。いつでもつながる場所。対話が繰り広げられる場所。そういう場所をつくりたいと思って「いのっちの電話」をはじめました。

だから、簡単にやめるわけにはいかないのです。

7章　天下一の生真面目人間だから

暴力をうまく活用する

「今、無性に刃物で自分を傷つけたくなってるんですよ」

「そうですか」

「なぜだかそういう時が時々あって」

「それでもいいんじゃないですか？」

「いいんですかね？」

「だって、自分でやりたいと思ってるんでしょ？」

「はい、そうしないとすまないっていうか」

「だから、いいと思う。たぶん死ぬところまではやらないんでしょ。傷つけるだけで」

「死にたいとは思ってるんですけどね」

「自分を傷つけることも自分を守る方法の一つだと思うんだよね。僕も時々やるから」

「そうなんですか？」

「刃物は使ったことないけど、頭がどんどんおかしくなっていくみたいで、自分で全然コントロールできないし、どうやっても死にたい気持ちとか、自分を否定する考えがなくならなくて。どうしたらいいかわからなくなった時、手で頭をひっぱたくみたいなことはするよ。やると、少しスッキリする気にもなる。でも、状態は全く良くならないんだよね。僕の経験では、少しだけスッキリするけど、やっぱりひどくなっていく。ただ、それをやる意味はあるから、それ自体は否定しなくてもいいんじゃないの？」

「そうですね。でもどうすればいいのか」

「だから、本当は切ったりしたくないってことだもんね」

「そうなんですかね」

「僕の場合は、そういう時むちゃくちゃイライラしてるよ」

「それはしてるかもしれません」

「イライラが溜まりに溜まって、どうにか発散させたい。だからつい部屋の壁を叩きたくなったりもする。家にはいくつか穴も開いちゃってる。流石《さすが》に家の壁に穴を開けても、なんか寂しいなあみたいな気分になって、やった瞬間はスッキリしても、長続きはしなくてね。昔ボクシングやってたんだけど、あれは気持ちよかったなあって思い出す。イライラしているから発散させたい。でも、自分を傷つけてもしょぼくれるし、家にぶつけても壊れるばっかりだから、その暴力をうまく活用したらいいんじゃないかな」

「はあ」

「ボウリング行って、思いっきりボールを放り投げてピンをぶっ倒すとか。それだとスコアが良くなるだけで、悪い感じしないよね。あと、いらなくて捨てようと思ってたものを、徹底的にぶっ潰して、それでゴミ袋に入れて捨てるとか。掃除になるしね。いらなくなったぬいぐるみとか人形とかあるんだったら、カッターとか包丁とかで切り刻んでみたら？　それで捨てたらいいんじゃない。大掃除してみたら？」

「それだと、気持ち良さそうですね、なんか見つけてやってみます」

禁止の命令はやめておく

何かをしたくなっている時、ついそれを悪いことだと思って否定してしまいます。爪を噛むとかもそう。娘が小学校低学年の頃、よく爪を噛んで、噛みすぎて深爪になっていて、それでも止められませんでした。

その頃、熊本で大きな地震もあったし、色々と不安なこともあったんだと思います。聞いたら、爪を噛むと少し落ち着くらしい。だったら、どんどん爪を噛んだらいいよ！と伝えてみました。落ち着くならとことんやってみたらいい、自分にとっては体にいいんだから、どんどんやってみようと言った。それで落ち着くなら娘にとってはとてもいいはずだと思うと、僕も楽になったし、娘も自信を持って噛むようになりました。

おかげで爪はいつも深爪状態でした。でもしばらく経ったら、満足したのか、爪を全く噛まなくなりました。やりたいと思っていることは、ダメだと言ってやらないでいるよりも、一度、とことんやり切ったほうがいいんだと思います。禁止することが一番悪影響を与えるようです。自分に禁止の命令をするのはやめておきましょう。やりたいようにやらせてあげましょう。

自分を落ち着かせるためにやっていることはなんでも、悪いことだと思わないほうが楽ですよね。リストカットだってそうだと思います。そのこと自体は否定せずに、他に代わりの作業がないか、「いのっちの電話」でもよく一緒に考えます。僕自身、ついつい自分の頭をボコッと叩いてしまうので、気持ちはよくわかるんですよ。とにかくイライラしてしまっている。

これも必要なんだろう——そう考えると、死にたいと思ってしまうことだって、おそらくそうなんだと思います。そう思うことで、何かを落ち着かせている。つまり、死にたいと思うことで、本当に死ぬということを回避しようとしているのかもしれません。

結果的に落ち着いているのかどうかは定かではないですけど。

だから、どんどん死にたいと思ってもいいと僕は思っているんです。別にそれ自体は悪いことでもなんでもない。そのまま死なれたら辛いので、どんどん電話をかけてきてください。そして死にたいと叫んだほうがいいです。

死にたい人はサボらない

僕は死にたい時、横になろうとします。つまり、体を休めようとしているってことです。横になると、何が楽になるかというと、心臓ですよね。死にたい時はどうも心臓が疲れている時のようです。僕がいつも通っている鍼灸院の先生が言うには、ぎっくり腰だって、心臓が疲れている時になるそうです。とにかく横になりたいから、歩くために一番重要な腰を動かなくさせるんだと。だから、マッサージやストレッチなどをして、どうにか起き上がって仕事になんか行かないほうがいいよと言います。

死にたい時もそのようなものと捉えてもいいかもしれません。簡単に休んでくれないあなたに対して、心臓が悲鳴をあげていて、とにかく横になってほしいのに、寝てくれない。だからこそ、体は鬱状態をつくり出して、あなたを休ませようとしているのかもしれません。横になるのはサボってるわけじゃなくて、次に動くために心臓を充電させている状態だと考えてみたほうがいいかもしれません。

サボってるな、と思うのも死にたい人にはあんまりよくないですもんね。とにかく僕たちは超生真面目なんですから。そうでないと、死にたいなんて考えません。ま、いっか、適当に生きようと思えたら、死にたいというところまで行きません。そして、生真面目なところをまた悩んでしまいますよね。

まさに僕がそうです。だけど、心臓を休ませる、なんて考え方だと少し「あ、横になってみようかな」と思えます。とにかく「物は考えよう」ってことで、自分なりに落ち着く考え方を見つけ出すことが大切です。でも、そういう考え方もつい、「ほんと、自分に都合がいいんだから」とか突っ込んでしまうのも、死にたい時の特徴です。ほんと真面目ですよね！　この真面目さはきっといいところですので、否定せずに自信を持っていきたいところです。

死にたい人は本当にサボりません。しばらく休んでいるだけで、自分はなんて役立たずの人間なんだって責めるくらいですから。電話をかけてくる人で、本当に怠惰な人は一人もいませんでした。

そもそもこのことで悩んでいる時点で、怠惰じゃありません。それなのに、多くの人が自分は怠惰だと思っています。僕もそうです。僕の妻も「私がそう思うならまだわかるけど、あなたが怠惰な人間だって悩むのは、ちょっとどうかと思いますよ」と大きな笑い声をあげています。

あー、あんなふうにお気楽に生きられたら幸せだろうなあと羨望の眼差しで見てしまうのですが、人間はそれぞれ体質が違います。ないものを求めても仕方がありません。でも、自分にないものは、まわりに集まってきているはずです。そうやって、人間は生き延びているはずですので。だからまわりを眺めてみましょう。

憧れを持ったり、嫉妬している場合じゃありません。とは言っても、勤勉な僕たちはついつい人と比べて、自分に足りないものは何かを見つけ出し、それを努力して身につけなければと考えてしまいます。笑ってしまうけど、ついついそうやってしまいます。

でも、それでもいいじゃないですか。絶え間ない向上心があるんですよ。

死にたい、と思うのは、そこをちょっと緩めて、甘えてみましょうというサインかもしれません。

他の思考回路をつくってあげる

死にたいと感じてしまう人は、怠惰な人ではなく、とても勤勉な人である可能性が高いと僕は書きました。死にたいと思ってしまっている時には信じられないかもしれません。毎日、ただ寝ているだけで、起きていても悩んでいるだけ、行動することもせず家でグジグジしていると自分を評価してしまっています。

僕もそうなります。完全にそうなります。そして、それを否定してしまっている。この否定が強くなると、次第に妄想に突入し、止まらない否定になる。挙げ句の果てに死にたいという状態になります。

ということは、自分が否定しない状態があるはずなんです。理想の状態というものが。では、もしそれを実現したら否定しないのでしょうか。

実際は、否定する思考回路から抜け出せなくなっているので、何をしても否定してしまいます。どんなことをしても、満足することがありません。否定すること自体が日課のようになっていて、しかもそれをやることが正しいとどこかで思っているから、止まるはずがないんです。

そこでどうするか？

他の思考回路をつくってあげるんです。否定する思考回路を否定しても止まることはありません。それはもう誰がなんと言おうと、自分の体がこれだと確信してしまっているので、簡単には変えられません。立ち向かっても跳ね返されるだけで、余計にしんどくなってしまうでしょう。

だから、否定するこの思考回路には触らないで、放っておきましょう。もちろんそれはきついことです。今、きついと思います。そして、これを今すぐになんとかしたい。どうにかしたいと思った僕はふとその場で筋トレをしてみました。

体はなまっています。もう42歳です。なかなか思うように動きません。腕立て伏せを10回、腹筋を10回、背筋を20回してみました。それで5分も過ぎません。すぐにまた否定する、あの苦しい状態に戻りました。

ところが、やっている間は、悩んでいる暇はありませんでした。

これは重要なことです。

筋トレを日課としてやろうとは思えません。あまりにも興味がないので。でも、1日に3回ほど、1回につき5分だけは、別の思考回路ができることはわかりました。これは死にたいと思った時だけに行う、一瞬だけの頓服《とんぷく》みたいなものです。そうやって自分で頓服をつくり出してみてもいいでしょう。

否定することは何もない

それにしても、死にたいと考えることに対する集中力は半端無いですよね。来る日も来る日も、いや、毎秒毎秒、絶え間無く、勤勉に、僕たちは死にたいと考えます。

こんなに退屈なら死んでしまったほうがマシだという考え方は極論だとわかっているのにやめられない。

むちゃくちゃ真面目で、実は精一杯、満足するように生きたいと願っている。充実できるもんなら、実はなんでもやりたいと思っている。それは毎秒発生する、お前にできるわけがないという強い否定で打ち砕かれるのですが。

それでも、自分にはこれだ！　と思えるようなものを見つけ出したいと考えているのではないでしょうか？

どんな自分でもいいやと思えていたら、きっとここまで悩んでいませんし、死にたいというところまでは到達することができないはずです。自分に与えられたもので、満足して生きていくことを選ぶわけです。無理して生きるなんてことはしなくてもいいやと考えるでしょう。

しかし、僕たちは「どうやら違う」と感じているんじゃないでしょうか？　ただ納得がいっていないだけなのかもしれません。こうじゃないんだ。このままじゃいけないいんだと。とにかくせきたてています。もっと面白いことを、もっと刺激的なことを、もっと何かお前はできる、だからやるべきなんじゃないかと。

そうじゃないと、毎秒死にたいなんて考えることはできません。死にたいと思うことは妄想だと書きましたが、同時に死にたいと感じてしまうきっかけになった力自体は妄想ではないかもしれません。満足ができたら、少し落ち着くかもしれないのです。そんな時に、今のままの自分を受け入れるとか、腹八分で生きるとか、そういう安心安全な方法を取ることは退屈になってしまいます。

「いのっちの電話」にかけてくる人たちのほとんどは、そのままでなんの問題もありません。本当にそう思っています。

つまり、何か否定すべき問題があるわけではありません。でも、それぞれに何か物足りなさを感じています。

死にたいというのは向上心

それはとても興味深いことだと僕は思います。

全く満足していないわけです。

そんな時に、自分の今の状態に満足したら、悩みなんてなくなるとどれだけ伝えても無理なんだと思います。覚えておく必要があることは「**今の状態を否定しなくていい**」ということだけです。別に悪くはないんだということです。今の状態が最悪だから死にたいと思っているわけではないんです。

むしろ、逆で、**今よりもっと満足できるように生きたいという向上心**なのかもしれません。僕は実感としてそう思っていますし、電話でみなさんの声を聞いても、実は何かやりたい、何かできると思っているとしか考えられないという人ばかりです。それは人生の否定ではなく、むちゃくちゃ向上心があるということです。

仕事がなくなったと言って落ち込んで不安なら、生活保護を申請して、しばらく休みをとって、体力が戻ってきてからまた仕事を探せばいいわけです。ところが多くの人が、働いていない自分なんて役立たずだ、ちゃんと仕事をしなくちゃいけない、怠惰になってしまってはいけないと口にします。

蓄えがなく、生活に困るようならば、僕としては迷わず役所に行って申請してほしいと思うのですが、そうですよねとすぐに納得してくれる人はいません。

自分のことを振り返ってみても、思い当たることがたくさんあります。思い悩んでいて苦しいのに、自分を否定することをやめることができない。周りはみんなリラックスしながら生きているように見えるので、余計にそんな自分が滑稽に見えます。だからますます否定してしまう。

ポジティヴに生きようなんてネットの記事をついつい読んでしまう。でも、読みながら、いや、これは自分にはできないと落ち込んでしまう。最終的には、前しか向かない完全ポジティヴ人間になりたいなんて、できもしないむちゃくちゃな夢想までしてしまいます。

疲れているので休もうなんてことは少しも考えません。もっと努力しなくちゃいけないと生真面目に考えてしまいます。こうやって落ち着いて文字にすると、何をやっているのかとまた落ち込んでしまいそうですが、ここに何かヒントが隠されているのではないかと僕は思いました。

つまり、**笑っちゃうくらいに向上心がある、**ということです。それは尋常ではありません。だからこその重要な否定でもあるわけです。現状に満足できない。それはただ否定しているわけではなく、もっと納得できることを、満足できることを、簡単に言えば**楽しいことを求めまくっている状態**です。

充実したいと熱望している

自分の能力を無視して、ハードルが高くなりすぎています。しかも、ハードルを下げて生きようとすると、退屈だなと感じます。だからこそ、毎秒ハッパをかけてしまいます。かけすぎておかしくなって、自分を全否定してしまって、それが続いたことで、今、本当に死のうと思って、首に縄をかけようとしている人もいると思います。

たいしたものです。

と、僕は自分のことをそうやってとらえることにしました。天下一の生真面目人間です。それでいいじゃないですか。何をやっても満足できない体質なんです。もっと何かできると思っているわけです。自分が納得できるものを掴み取りたいと感じ、そのための努力は惜しまないという意気込みであふれているんです。

適度に遊んで、適度に休みをとってリラックスしたほうが、もっと効率よく仕事ができるとは思うのですが、全く満足していないので、休憩なんかしちゃいけないとすぐ思ってしまいます。今のままの自分ではダメなんです。だからこそ否定が止まりません。

よくよく考えると、それのどこがいけないのでしょうか？

ありのままの自分を一切受け入れられないのは、もっと充実したいと熱望しているからではないかと僕は考えました。

僕は自分が嫌いです。「死にたい人は自分が嫌いで、自分を否定するから、自分を好きになろう」なんて言われたりしますが、僕は無理です。嫌いなものは嫌いだから仕方がない。それは今の自分に納得していないということなのかもしれません。もっと自分にはできると思っている厚かましい人間なのかもしれません。

受け入れがたいので、「ありのままで～」なんて無理です。

おかげで否定しすぎて、死にたくなります。

それで死んでしまったら、ちょっと辛いですけど、死ぬギリギリ一歩手前まで行くのは仕方のないことなのかもしれません。それは悪いところでもなんでもなくて、もしかしたら長所なのではないか、とも思えませんか？

鬱を治すための本みたいなものを、僕は不安な自分を抑えきれずに、必死に読み漁ってしまうのですが、読んで落ち着いたものはほとんどありませんでした。どの本にもだいたい同じことが書いてあります。今の自分を受け入れ、ほどほどの生活を行いましょうという結論なのですが、体はどうしてもそれを受け入れようとはしません。

そんな中、気質に合ったことをして、長所が活かせて、充実した時に平穏が訪れると書いてあった神田橋條治先生の書き起こし（『神田橋語録』と検索すればすぐ出てくるはずです）はすっと体に入ってきたので、おすすめです。

何もしたくないのに、何かしたい

「表現の対象がない、表現の手段がない、表現の基点がない、表現の能力がない、表現の欲求がない、あるのは表現の義務だけ——ということの表現だ」

これは小説家であるサミュエル・ベケットの言葉です。この言葉もすっと体に入ってきました。納得がいっていない、そもそも能力もない、好奇心もない、技術もない。でも何かしなければいけないという焦りがある——僕はまさにこんな状態でした。だからこそ、自分を否定するしかないわけです。

何かをしたい、という考えすらないのに、何か表現しなければいけないと焦るなんて、勘違いも甚だしいと多くの人が思われるでしょう。

しかし、どうやら僕は諦めることができないようです。そう言えば大学生の頃、母親に「あなたは諦めなすぎなのよ」と強く言われた記憶があります。ネバーギブアップという言葉は称賛される言葉なのではないかと思うのですが、僕が暮らした環境では余計なものだと思われていたのかもしれません。

そして、「いのっちの電話」にかけてくる人々、死にたいと漏らす人たちも、もう人生は終わったと絶望しているのにもかかわらず、何かを執拗に諦めていないのではないか、そこだけは僕もすぐに感じ取ることができました。何かを徹底的に諦めていない。だからこそ、苦しいわけです。

そこまで肩に力を入れるんじゃなくて、もう少し適当に、肩の力を抜いて、なんでもいいやと思えたらいいのに、と人は思うでしょう。表現を「何かしたい」と書き換えて、ベケットの言葉をもう一度読み直すと、

「何かしたいのに対象がない、何かしたいのに手段がない、何かしたいのに基点がない、何かしたいのに能力がない、何かしたいのに欲求がない、あるのは何かしたいという義務だけ——というわけで何かしたい」

とことん感じになってしまいます。本当に変ですよね。でも僕はこうでした。言葉としては「矛盾している」とすぐに指摘されてしまいそうな状態でずっといます。何もしたくないのに、何かしたい。そんな変な状態にいます。

「何もしなくていいんだ、じゃあぼうっとできるからラッキー！」ではないんですね。全く受け入れていない。受け入れることができない。

何もしたくない＝死にたい

ですが、同時に、

何もしたくない＝何かしたい

という状態でもあるわけです。つまり、

何もしたくない＝死にたい＝何かしたい

ということは、

死にたい＝何かしたい

と考えることもできそうです。

不思議なものです。何もしたくない＝何かしたい、だけだと矛盾しているように見えますが、間に「死にたい」を挟むと、その矛盾が溶けていくような感覚になりました。

死にたいのに、僕たちはまだ死んでいないのですから、そうですよね。死にたいと思うこと自体が、完全に矛盾しているわけですから。死にたいと言いながら生きている。これは矛盾でもなんでもなくて、僕たちの日常と言えます。日常はこんなふうに進んでいるのです。何も不思議なことはありません。文字の上では矛盾していますが、生活の中では矛盾していないと言えるかもしれません。

矛盾＝死にたい人の日常

ということかもしれません。矛盾とはありえないことではないということです。矛盾の対義語は辞書によると「一貫」と出てきます。つまり、

矛盾＝死にたい人の日常
一貫＝死にたいとは思っていない人の日常

とも言えるかもしれません。どちらもこの現実で繰り広げられている日常には変わりはないと考えると、興味深いです。

矛盾世界にようこそ！

ちょっと理屈っぽく聞こえるかもしれません。死にたい時はただでさえ頭がうまく働

かないんだから、平易な文章を書いてもらわないと読めないとお叱りを受けそうです。

しかし、理屈っぽくなるのにも理由があります。だって、何もしたくない＝死にたい、と直感的に感じて、そのまま体が動いて死んだら、もうここにはいません。思い立った瞬間にビルから飛び降りたり、首を吊っているはずです。だから理屈っぽくすることで、どうにか生きながらえているわけです。

死にたい人のほとんどが理屈っぽいと言われてしまいそうな人ですが、それはありがたい特徴なわけです。おかげで生き延びていますから。理屈を消すと、確実に死にます。なので、理屈はどうか捨てないように。面倒臭いやつだ、と思われても気にせず、そのままでいましょう。そうすることで死なずに済んでいるんです。直感的に思ったまま動こうとすると、怪我するどころか死んでしまいますので、ここはひとつ得意の頭でっかちで、**理屈っぽいところをうまく活用しましょう**。

なかなか手が動かせない。それでいいんです。だから生き延びているんだと自信を持っていいくらいです。でも同時にその理屈によって、今の僕たちの状態は常に矛盾してしまいます。一貫からはかけ離れています。ですがその矛盾によって生きていますので、命を大事にするということに関しては全く矛盾していません。

全然間違っていないってことです。何もしたくないのに、何かしたいと感じているのは当然のことなのです。死にたいのに、生きていることも全然おかしくありません。「死にたいとか言ってるのに、本当は口でそう言っているだけで、生きていたいんだろ」と人からツッコまれても怒らないようにしましょう。死にたいと今は思っていない人にとっては、矛盾は矛盾ですので、そう口にするしかできないわけです。

でも、死にたいあなたは、実際に**「今、とても死にたい、そして、今、とても生きたい」**という状態だと思います。矛盾が日常の僕にはそれがよくわかりますよ。直感的に動けば楽だ、子供みたいに何かしたい、でも何をすればいいのかわからない、でも何かしたい、退屈だ、穴があったら指を突っ込んで、何か転がっていたら口に入れてみたい、でも、それはできない。頭であれこれ考え込んでしまう。

ここはひとつ、**「矛盾世界にようこそ！」**と自分に言ってあげましょう。

死にたいと思っているまま、僕たちは充実の生活を求める旅に出ようとしています。絶望したまんま、希望を求め、寝たまま動き回る方法を考え出してみましょう。

8章　僕の毎日の過ごし方

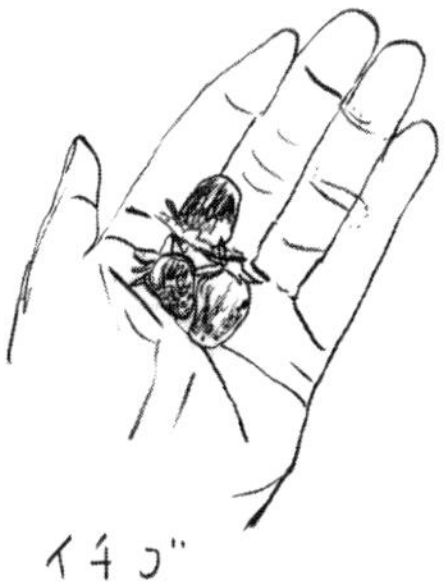

誰にも言えなかった

僕は「いのっちの電話」をしていますが、当然ながら、僕が死にたい時はそこにかけることはできません。時々はやってみるんですよ。小説を書く要領で、

「あのう、『いのっちの電話』ですか?」

「はい、そうですよ」

「死にたいんですけど……」

とか書いてみるんです。一人二役やって、苦しいのをどうにか乗り越えようと試してはみます。うまくいく時もあるけど、大抵は失敗します。なんだか、書いていても、苦しくて、自分の中でぐるぐると声が聞こえるだけですから、やっぱりきついんです。とにかく他人が必要なんです。他人の声だけでいいんです。直接会わなくても。

僕が死にたくなる時、多分疲れからはじまると思うんですけど、まずは気分が落ち込んでいきます。突然、体が動かなくなるわけではなさそうです。なんだか変だなって気分になってくる。

その時にはもうあんまり人に会いたくなくなっています。だから、家から出られなく

なる。家族とすら話せなくなってしまいます。孤独ではないはずですが、この苦しさのことはなかなか共有できませんし、みんなは元気で、僕だけがどうしようもなく見えちゃうので、ついつい自分の部屋にこもっちゃいます。本当はずっと苦しい状態でいる話を聞いてほしいんですけど、そんなわけにもいきません。

ちょっと部屋の外に出ると、子供たちが、「あ、治った！」と言いながら、飛びついてきます。元気づけようとしてくれているわけです。とてもありがたいんですけど、死にたい時には困ってしまいます。というわけで、部屋からもなかなか出られません。遊びたいとは思っているんですよ。ただ、すぐパニックになるような気がして、そんな姿を見せられないと思ってしまう。だから、家族も避けてしまいます。

こういう時、身近な人というよりも、もう少し離れた他人が良いような気がします。風通しでしょうか。だけど、なかなか自分が辛いということを伝えるのは難しい。だからこそ、「いのっちの電話」にたくさんの人がかけてくるわけです。

僕も元々は誰にも言えませんでした。中学生か高校生の時にはもうすでに何かそういう気分があったと記憶していますが、誰にも言えませんでした。当時は、付き合っていた彼女が時々死にたくなる女の子で、僕は彼女を必死に看病する行動で、どうにか自分を抑えていたところがあったかもしれません。

そう考えると、今もその時と同じようなことをしていると言ってもよさそうですね。困っている人を助けることで、どうにか自分の危機を抑え込む。そういうところもあるかもしれません（と言いつつ、電話に出る時は、とにかくサービスをしたいという思いが第一にあるのですが）。

ただ、辛い時は人のことを考えている場合ではなく、僕が死なないようにしなくちゃいけないので、電話に出る余裕がありません。すみません。この時ばかりは電話に出られません。折り返しの電話もできません（鬱が明けたら、すぐかけ直すんですけどね）。

じゃあどうするか。

僕はまず、自分の病気自体を本に書きました。初めて書いたのは２０１２年に刊行した『独立国家のつくりかた』でした。それまでは僕は自分の病気のことなど一切書かずに、ひたすら外のこと、フィールドワークを中心に仕事をしていたのですが、それだけでは耐えきれなくなって、書きました。

実はずっときつかったので、躁鬱病がバレてどう思われるかというよりも、むしろ気が楽になったのを覚えています。僕の場合は死にたい時だけでなく、元気すぎる時も問題になるので、とにかく他人に指摘してもらうことが重要だろうと思ったのです。

とはいえ、はじめは鬱の時は、妻以外にはほとんど伝えることができず、息が詰まりそうになって、とにかく部屋にこもって、横になって、布団から出られず、ますます死にそうになりながら、でも、最後の最後に火事場のクソ力みたいなもので、立ち上がり、それも躁状態の力を無理やり発生させて頑張っていたところがあったと思います。このやり方じゃもう先がないと思ったものでした。

というわけで、やり方を見つける必要があったのです。

最近はどうやっているのか書いてみましょう。何かのヒントになればと思います。

この状態で、どこまでできるのか

大学を卒業したら食べていかないといけないわけですから、バイトをしました。21歳からどうにか働いていたのですが、やっぱり体に合わないんですよね。29歳の時にバイトをやめました。

貯金をして、といっても200万円くらいです。それで24時間自分の仕事に集中したほうが体に合うんだから、それでいくと決めたんです。その時はもう子供もいましたから、大変といえば大変です。別に何か仕事があったわけでもありません。ただ本を書くしかなかった。それが出版されるかどうかはわからない状態で。でも、それでも体に合うことをする、と決めたんです。

そのまま今につながっています。どうにか今のところ生き延びているようです。

といっても死にたくならないわけではありません。それは定期的に襲ってくるようです。いつか死にたいとは思わない時がきてもいいんじゃないかと薄い希望を感じたりしますが、毎回、やっぱり死にたくなってしまうので、あんまり期待することもなくなりました。

むしろ、この状態で、どこまでできるのかを考えたほうがいい。とにかく生き延びたいんですから。変なものです。どんなに死にたい時だって、自分を楽にさせたい、という気持ちはとても強いです。それはみなさんも同じだと思います。

自殺せずに、飢え死にしよう大作戦

楽にさせるにはどうすればいいか。楽である、もっと言うと、気持ちいい状態です。これが自分にとってなんなのかを考えて、実践することにしました。僕は、自分がやりたくないことをすると、体がすぐにおかしくなります。私もそうです、と思っている方もたくさんいるでしょう。やりたくなくても生きていくためにはやらなくちゃいけないんだよとおっしゃる方もいると思います。でも僕の場合は、死ぬくらいなら、と考えるわけです。

死ぬくらいなら、飢え死にしてもいいから、とにかく自分がこれだと思ったことだけに夢中になったほうがいい。自殺せずに、飢え死にしよう大作戦です。

これがなかなか飢え死にしません。今のところ、僕はこのスタイルで13年やってきましたが（完全に独立したのが2007年）、飢え死にしていません。「それはお前に持って生まれた才能があるんだろう」とおっしゃる方もいるかもしれませんが、後でそのことについても考えてみましょう。

とにかくすぐに体がおかしくなるので、僕は人の依頼になかなか応えられません。こういうものをつくってほしいという依頼に応えてしまうと、応えすぎてしまうからか、気を遣ってしまうのか、窮屈になって、すぐに鬱になってしまいます。僕の場合はとにかく窮屈が苦手なので、そこから楽にしてあげる必要があります。なので、基本的に依頼は受けません。もちろん、知り合いから頼まれたりはします。避けたいのは山々ですが、避けられないこともあります。そういう時どうするか。

僕は**自分の状態をすべて伝える**ことにしました。

今は体調がいいかもしれないが、時々、死にたくなってしまい、その時は今とは全く違う状態になっているので、できないかもしれない、と。それで、はい、そうですか、それじゃ困ります、責任持ってやってもらわないと、と言ってくる人とはいつかどうせ揉め事になるので、はじめからお断りさせてもらうことにしました。

それでもいいよ、当日休んでもいい、原稿書けない時は落としてもいい、それでも一緒にやりたいと思ってくれる人とだけ仕事をすることにしました。結構、これは大変な選択だったのですが、実際にはよかったと思います。

もちろん、実際に当日キャンセルしたこともありますし、原稿が書けなかったこともあります。イベントをキャンセルした時は、僕が出演しているドキュメンタリー映画を上映することで、乗り切っていただきました。僕がいない代わりに来てくれた方々でいろんな議論が交わされたようで、それはそれでよかったとおっしゃっていました。当日無理になってもいいから一緒に仕事をしたいと思ってくれる人は、とても優しく、かつ前向きな人ですので、実際に無理になっても良い方向に向かうんだと思います。

どんな時も歌を歌う

原稿を落とす時も何度かありました。これは雑誌『POPEYE』でのことですが、なかなか雑誌で原稿を落とすなんてことはできません。でもきつい時は書けません。それでやめたいと言ったこともあります。5回くらい原稿を落としています。

書けない時は、知り合いに代筆してもらうことにしました。作家、編集者、建築家、音楽家、僕の知り合いに代わりに書いてくれないかとお願いしました。みなさんとても優しい人で、文句も言わずに代筆してくれました。

ただ、最近では人前で話すイベントなどをキャンセルすることはなくなりました。方法を見つけたのです。それは、**どんな時も歌を歌う**という方法です。

歌であれば、もともと決まっている節と歌詞を歌うだけですから、言葉が口から出ないということがないのです。きつい時は声があんまり出ないですが、「静かに歌います」と伝えると、じっくり聞いてくれたりします。今日は死にたくなっているので、何にも話せません、でも歌は歌えるのでと伝え、歌詞カードを見ながら、記憶力もほとんどなくなっているので、空っぽの状態で歌います。

ある観客からは、鬱の時のほうが歌がすっと入ってくると言われました。死にたい状態というのは、日常生活を送ることに関しては支障がありますが、人前で何かを披露したり、作品をつくったりする時には、良い作用をもたらすこともあると知りました。むしろ、死にたいくらいの状態じゃないと見えないものがあるのかもしれません。

迷わず仕事をやめていい

というわけで、僕の主な仕事である書く仕事、人前で話す仕事に関してまとめます。

(1) できるだけ依頼仕事はしない。自分がやりたいと思う仕事をとにかく自発的にやるだけ。

(2) 依頼仕事の場合は、当日キャンセル、納品できない可能性があることを伝え、それを理解してくれる人とだけ仕事をする。

(3) 人前で話す時に死にたくなったら、歌を歌い、原稿が書けなくて落としそうになったら、知人に代筆をお願いする。

そうやって乗り切っています。今のところは何の問題もなさそうです。

大事なことは自分独自の対処をすること。それが可能になれば、気が楽になり、リラックスして仕事ができます。それで仕事が減るかもしれません。僕も減りました。でも逆に、違うところから依頼が増えることもありましたし、与えられたことに満足していくだけです。

仕事で相当ストレスを抱えながら死にたくなっている人に、僕は迷わず、仕事をやめ、生活保護をしばらく受けながら、自分が何をしたいのか、全く嫌な時間がないという生活を経験してもらいながら、ゆっくり考えるということを勧めています。生活保護がいけない、怠けている、とか言う人もいますが、何のために税金払っているんですか。死ぬくらいならさっさと仕事をやめて、趣味に夢中になってほしいです。

死にたい時には、好きなことは何もないと口にしますが、電話で話していくと、ほぼ全員に何かしらあることは確定しています。なぜなら、生きているからです。絶望的な中にも何か出会いがあったから、今、生きているわけです。そこにあなたの気が楽になるヒントがあります。世間的に見て、それはいけないことだとか、人には言えないとか、そういうこともあるかもしれません。でも、気にせずに黙って、一人でこそこそとやりたいようにやってみましょう。

とにかく早く起きる

そして、僕にとって、本当に大事なのが、日課です。

僕は人からの依頼ではなく、自分で動いて毎日を送っていますので、決められた時間というものがありません。年がら年中、休職中の人と同じような感じでもあります。

自分の体のために、このような仕事の仕方を選んだのはいいけれど、ほっとくと何もしなくていいので、暇を持て余してしまう。それもまた死にたくなるきっかけになります。というわけで、毎日何をするか、という日課が重要になってくるわけです。

僕は、朝遅く起きると、それだけで気分が滅入ってしまいます。なので、とにかく早起きです。できるだけ早い時間に一つ仕事を終えると、とても気持ちがいいです。そして、朝だと疲れもほとんどありません。頭がすっきりしていて、前向きにもなっているので、その時間帯に一つ仕事を終えておくと、否定する力が弱まります。

あと、自分はあんまり家事ができない、ほっとくとすぐ部屋が汚くなってしまったりするんじゃないかと僕は思っています。これもおそらく妄想で、そんなはずはないのですが、躁鬱で、生活の内容に波がありすぎるので、ちょっとできないだけで、自分には何もできないんだと勘違いしやすいんですね。

というわけで、起きたら、すぐ着替えて、顔を洗って、歯を磨く、さらにご飯を炊いて、味噌汁をつくるという日課を入れます。それが終わると、ネットもできるだけ見ず、すぐに原稿の仕事に取り掛かります。これを習慣化させているんです。

しかし死にたくなっている時は、眠れない。かと言って、朝寝ると、気分はさらに悪くなる。だから、眠れない時は眠りたくなかったんだと捉え直して、そのまま5時に体を起こして、普段通りの日課を続けます。これで鬱がすぐ治るわけではありません。それでも自分でつくったスケジュールに合わせて動いてみることをやっています。

僕の今の一日

小学生になった気分で動くわけです。僕は中学生になると、死にたい気分の芽みたいなものが少し生えてきましたが、小学生の時はそうではありませんでした。それを思い出して、その時のように動いてみることにしました。

小学生の時の僕は、7時に起きて、朝ごはんを必ず食べて、8時に学校に行って、お昼ごはんを食べて、午後3時頃終わって、部活をして、午後7時前くらいに帰ってきて、夕食を食べて、風呂に入って、午後10時には寝ました。

午前6時に起きて、好きな漫画を自分で描いてもいました。この時はとても健康だったわけです。それを思い出しつつ、日課をつくっていくことにしました。小学生の時、なぜあんなに健康だったのか。それは毎日やることがあって、毎日、朝ごはんがあって、毎日、体を動かして、毎日、人に会って、毎日、ぐっすり眠っていたからです。当たり前のことです。で、今振り返ると、そうじゃない時がたくさんあって、死にたいと思うのは、ただ日課ができていないということだけだったのです。

僕の今の日課は左ページの通りです。

もちろん、これが毎日できればいいですが、調子が悪い時は午後の仕事はやりません。それでも午前中の作業は、どんなにきつくても毎日続けるということをやっています。僕の場合は、仕事自体はとても自由に見えますが、早く終わりすぎたりすると、逆に怠けているんじゃないかと不安になってしまうようで、時間帯としては小学生の頃のままがいいようです。

朝起きて、朝早く仕事して、昼休みをとって、午後の仕事も入れて、帰宅の時間を小学生の時と同じにする。すると、調子がよかった時を思い出すのか、今までと全然違って楽になりました。今までは午後3時くらいに仕事が終わっていたのですが、それを6

僕の今の日課

午前4時	起床～顔洗い・歯磨き・米炊き・味噌汁づくり
午前4時半	原稿執筆（毎日10枚4000字）
午前9時	朝食
午前10時	外出。1時間散歩（8000歩）
午後0時	昼食をつくる。部屋の掃除、洗濯等
	（昼休み）
午後1時	橙書店へ（連載などの雑仕事）
午後3時	アトリエへ（毎日4枚絵を描く）
午後6時	仕事終了。歩いて家に帰る
午後7時	夕食と風呂
午後9時	就寝

時まで延ばしたら、とても気持ちよくなりました。それと在宅の仕事は朝だけにして（夏休みの朝、早く起きて漫画を描いていた時を思い出せます）、それ以外の作業はすべて外でやることにしました。

橙書店の久子ちゃん

橙書店という本屋は僕の家から徒歩5分で行ける本屋です。店主の久子ちゃんは僕の病気の一番の理解者といってもいい人で、どんな状態でそこにいても変に思いませんし、励ましてくれます。アトリエは熊本市現代美術館の中にあり、誰にも会わず、さらに、僕は午後3時から5時くらいまでに特に死にたくなってしまうのですが、アトリエには光が入ってきませんので、何時なのか時計を見ないとわかりません。苦手な時間帯の光を浴びないようにすると、体が楽になりました。

というわけでその時間をアトリエにあてることで、死にたい気分をずいぶん回避できています。というように、外に出ることはとても大事ですが、安心できる家みたいな外を見つけることが僕にとって一番重要なことでした。

人に会えなくなるのはなかなか厳しいです。僕の場合は、人に会えないというよりも、人が何人かいるだけで、とても複雑な空気を感じてしまい、そのことに対応できなくなってパニックになるようです。死にたくなると、当然ですが、子供たちの学校の集まり、保護者会みたいなものには参加できません。それには参加しなくても全然いい！と家で決めています。とにかく行きたい時には行く。行きたくない時には行かない。それでいいんだと家族で話し合いました。

しかし、それだとますます家にこもってしまいます。外を散歩したいのですが、誰にも会いたくない。僕は車で人がいないところまで行って、歩きます。それも仕方がない。運動する時は、運動すること自体が大事ですから、人には会わなくていいんです。

でも、会いたい。

橙書店の久子ちゃんは、僕にとっての「いのっちの電話」だと思っています。苦しい時にも電話できる数少ない友人です。彼女と30分くらい電話をしていると、少しだけ気持ちが楽になります。彼女も毎日、店に出ているので、僕が来なくなると、調子が悪いのかもしれないと思って、電話してくれたりすることもあります。

話をしていてわかるのは、つまり、僕は人に会えないわけでも、話ができないわけでもないということです。

なぜなら、死にたい、ということを話すことはできるからです。

それを話せるなら、人に会うこともできるのです。

それはみなさんも同じなのではないでしょうか。

死にたくなっている時は、死にたい、ということしか考えられなくなっている。だからそれを吐ける人には会いたいし、話したい。とにかく僕たちは死にたいと吐ける人が必要なわけです。命をかけてでも探し出したい。

そして、それが可能になったならば、死にたいという気持ちはなくならないかもしれないけれど、緩和されます。何よりも大事なことは、絶対に自殺することはないと、自分で思えるようになることです。

死ぬくらいなら、人に迷惑をかけるかもしれないけど、連絡しようと思っています。

死にたいと口にすることができる誰か。

死にたい人にはこれこそが大事なんです。

友人のカズちゃん

僕は結構強く、死にたいと思ってしまうので、サポートをさらに強化する必要があります。

もう一人はカズちゃんという僕の友人で、カズちゃんは僕が死にたいと思っているんじゃないかと察知すると（僕がやっているツイッターで、如実にわかる。調子がいいか悪いかが。僕にとってはツイッターもまた、健康指数のようになっている大事なツールかもしれません）、すぐメールをくれます。

僕を外に出してくれる達人で、彼女はいつも僕が一歩も外に出られなくなってくると、歩いて20分くらいのところにある「大ちゃん」というお好み焼き屋の個室を予約してくれるのです。

カズちゃんにも僕は、死にたいと思っていることを口にできます。とても楽天的な人で、僕がそう口にしても、大丈夫ですよ、とニコニコ顔で言うので、気が楽になるんです。「そんな暗いこと言って」などとは言いません。とにかく心の優しい人がこの世にはいて、死にたい人にはそんな人たちが必要です。

「大ちゃん」には知り合いが来ませんし、個室ですので、弱音を吐いても気になりません。だから、外に出られない僕でも、この時だけはどうにか出ることができます。そして、外の空気を吸うと、やっぱり少しだけ元気になる。本当は外に出たいんです。でも、とても気持ちいい環境でないと出られません。カズちゃんはそれを理解してくれて、調子が悪くなると、すぐに誘ってくれるのです。

と、こんなふうに、少し離れたところに避難所となるような友人がいることで僕はどうにか助かっていて、それで今も死んでいない。もちろんこれは僕のケースなので、みんなに通じることではないかもしれません。ただとにかく避難所が必要です。死にたい時に一人で踏ん張れるわけがないからです。

他にも、僕が苦しい時に書いた原稿を読んでくれる友人、絵を見て指摘したり褒めたりしてくれる友人、メールでどれだけ弱音を吐いても付き合ってくれる友人など、サポ

ートしてくれる人たちがいるからこそ、「いのっちの電話」を続けることができている
のです。
坂口さんは「いのっちの電話」をやるばかりで、自分が死にたくなった時はどうする
んですかと心配してくれる人もいます。自分もきついのに、僕のことまで心配してくれ
て、死にたいと思う人たちはなんと優しいのかと思うのですが、実は僕自身がおそらく
誰よりも手厚いお助けメンバーに守られているんだと思います。
だからこそ、死なずにやれているし、「いのっちの電話」という、無謀でしかない行
動も実践できている。
死にたいと思うことからはまだ完全には離れられていません。
でも、少しずつ付き合い方がわかってきたとは言えます。
そして、絶対に死なないと決めています。死にたくなるけど、死なない。

9章　苦しみ自体が力となる

「ジャズ喫茶をやりたいけど……」

「死にたくなってます」

「病院には行ったのかな？」

「行ってます。薬ももらってます。鬱になってるだけで、それは体に異変が起きているってことだから抗うつ剤で治ると思ってですね、実際に最初は調子がよくなったんです。でも少しずつ効かなくなって」

「僕は抗うつ剤を飲んだことがないから（躁鬱病には躁転するために抗うつ剤は処方されない）わからないけど、今すぐ死にたいとなってしまっている時は、やっぱり病院に行って、薬の助けを借りるのもありだとは思うんだよね。でも、僕としてはせっかく死にたいと感じているんだから、うまく『苦しむ』方法を見つけたほうがいいと思う」

「どういうことですか？」

「死にたいところまで自分を否定することが進んでいるってことは、何か納得がいかない、もっとこうしたいってことがあるはずなんだよ。今のままじゃいけない気がする」

「そうですね」

「だからそこに目を向けたほうがいいと思う。病院じゃ、鬱の時は、とにかく休養って言うじゃない。もちろん間違ってはないと思う。やりたいことができないまま、やりたくないことをかなり過酷にやってきたかもしれないから、体が疲労してるってことは確実にある。だけど、休養も2週間くらいまでであれば効果的だけど、あんまり休むと、今度は退屈して、逆に苦しくなってくるんじゃないかな。会社で働いてるの？」

「はい、働いてます」

「死にたいのに、働いてるんだね。そりゃすごいことだ。よく頑張ってるね」

「結構きついですけどね」

「労働環境が悪いひどい会社ならやめたほうがいいんじゃないかと思うけど、そうでないなら、学校に行く感じで働いておいてもいいんじゃないかな。完全にやめて退屈してしまっても、死にたいのが治るわけじゃないしね」

「そうですね。悪い会社じゃないので、働こうとは思ってます」

「でも、なんか物足りない感じがしてるよね。本当は何かやりたいって思ってるというか、具体的に見えているのかはわからないけど、何かしたいことがある感じがする」

「それなんですよね……」

「何か好きなことあるの？　昔からずっと興味を持っているようなこと」

「あ、ジャズが好きなんですよ」

「いいじゃない。どんなジャズなの？」

「60年代にはじまったフリージャズですね」

「オーネット・コールマンとか」

「好きですね。実はジャズ喫茶をやりたいなあって思ってたんですよ。もう諦めちゃいましたけど。でも、諦めてないんでしょうね。時々考えるんです」

「いいねえ。やろうとしていることあるじゃない。死にたいってことは、それを諦めるなってことだと思う。諦めないでいる方法を考えたらいい。僕の方法を教えよっか？」

「知りたいです。どうするんですか？」

「すぐジャズ喫茶をやろうとすると、重荷になりすぎるでしょ。給料をもらいながら生きてきた人が、突然お店をはじめるとなると、なかなか思い切って行動ができない。今やっていることと、やりたいと思っていることが離れすぎてて、だからこそ、そっちができないなら諦める、そして、全然違う仕事をするっていうことになってる。でも本当は今すぐジャズ喫茶を経営することができるのよ。会社で働くことも続けながら」

「えっ？　どうするんですか？」

企画書をつくる

「死にたくなるまで考えちゃっているってことは、趣味にしておいたらダメなんだと思うんだよね。週末だけジャズを聴いてたらいいってわけじゃない。もちろんそれでいいと思える人もいるんだろうけど、あなたは違うのかもしれない。それくらい考えてる。だから、趣味にしない。真剣にジャズ喫茶をつくることを考える」

「でもお金もないですし」

「それでもすぐジャズ喫茶をつくれるんだよ。ジャズ喫茶の企画書をつくるの」

「企画書？」

「そうそう。企画書であれば、１円もかからないし、実際にすぐ経営をはじめるわけじゃないから、重荷に感じることもない。でも真剣に企画書を書くんだから、趣味じゃない。鬱を治すには、趣味を持ちましょうとかよく言われるけど、死にたいところまで行っちゃう人は、実は真剣に考えたくなってるだけだから、なんでもいいから趣味を持ちましょうみたいな状態じゃ、退屈を感じてしまうと思うんだよね。ここはひとつジャズ喫茶を本当にはじめるんだという気持ちで、企画書を書いてみたら？　これは僕がいつもやる方法なんだけどね。つまり、書くっていうこと。まずは外を歩かないとね」

「外ですか？」

「だってジャズ喫茶をはじめるんだから、まず何よりも店を出す敷地を選ばなきゃ。どんな場所に店を出したいか、敷地選びからはじめるとどんどんアイデアが浮かんでくる。敷地が決まらないと、店の大きさ、光の具合とか、やってくるお客さんの感じもつかめないしね。まずは歩いて空き店舗を見つける。締め切りがあるわけじゃないから、ゆっくりやってみたほうがいいね。店が見つかったら、朝の様子、昼の様子、夜の様子を確認して、時間が経つごとにどんな変化が起きるかを確認してみる」

「なんだか聞いてると、今すぐにでもやりたくなってきました。楽しいですねこれ」

「そこですぐに開店しないようにね。開店するかどうかは最後の最後に考えると決めたほうがいい。これは何よりも店をはじめることが重要なんじゃなくて、今のあなたの時間の使い方を調整するということが大事なんだから。今は何かをしたい思いは強いのに、それが何かと具体的に考えることができなくなっていて、混乱してる可能性がある。だから、まずは、自分がやろうとしていること、誰にも邪魔されない、創造的な時間を少しでも増やす、かつそれを継続的にやっていく方法を見つけてみよう」

毎日1時間でいい

「それはほんとに継続したいです。運動しなさいと言われたけど、続かないですもん」

「そりゃそうよ。やりたくないことは継続するわけがないから。でもなぜかお金のためならやりたくないことでも継続するよね人間って。もちろん、そんなことができるわけがないから、死にたくなるんだろうけど。やりたければ、ほっといても継続するから、それを設定してあげるだけで、あなた、相当いい動きしそうだけど」

「楽しみになってきてます」

「それじゃやってみよう。まずは敷地選び。実際に店舗が見つかったら、不動産屋に行って、本気で借りる人のフリをする。ここはフリだけをして、決して契約しないこと。おもちゃのお金を使って遊ぶボードゲームみたいなものだから。楽しいからついつい真剣になっちゃうけど。不動産屋から図面をもらうの。さらに真剣にやる場合は、中に入って実寸を計測したいと言えば、それも可能なはず。しばらく経って、他の物件に決めちゃいましたとか言えばいいから。あと不動産屋に家賃と最初に払う金額も聞いておこう。その次は、図面を元に、どこをカウンターにするか、どこにレコード棚をつくるか、テーブルと椅子は買うのか、大工さんに依頼するのか、床はどうするか、アンプやスピーカーはどうするか、キッチンはどれくらいの大きさでどんな仕様にするか、なんてことをできるだけ細かく決める。ここは本当に大事なところだから、他のジャズ喫茶や長年人に愛され続けている喫茶店を視察してみて。それで一枚しっかりとした図面を描いてみよう。専門的な知識は必要ないよ。わからないところは、業者に電話して聞いてみてもいいね。ある程度、内装が固まってきたら、電卓を取り出して、はじめるためにどれくらいの初期費用がかかるのか計算してみて。500万円かかるのか、100万円で済むのか。具体的にやればやるほど楽しくなるし、現実味があればあるほどやる気になる。これはもう趣味を超越してるでしょ。一番の生きがいになりそうでしょ」

「なんで、そんなこと思いつかなかったのかってくらい、やってみたいことです、それ。ありがとうございました」

「企画書づくりを、毎日1時間でいいから実践してみる。朝1時間早く起きるか、夜1時間遅く寝るかどっちかを選んで。大事なことは毎日やること。毎日やらないとダメってことじゃなくて、そんなことが毎日できるのは、とても嬉しいじゃないですか。毎日少しの時間だけ、しっかり充実させる。あとはやらなくちゃいけないことをいやいやしなくちゃいけないかもしれないけど、毎日1時間だけでも一番やりたいと思っていることをやり続けていると全身が喜びを感じると思うよ。毎日1時間でも1年で365時間。10年やれば3650時間も考えることになるから。とんでもないことになるよ」
「すごいですね」
「もしも、その図面ができたらいつか見たいよ。生き延びてね〜」

「つくる」ことに向いている

書きながら、僕もついつい楽しくなってしまいました。僕は毎日、原稿10枚を書き続けているのですが、つまりこういう作業を毎日やっているということです。

行動に移す前に、移すための計画を書く。もちろん体の気質的には、思ったことを、思った瞬間にパッとやることもとても大事で、それは「あ、新しくできたあの店に入ってみよう」とか「今日は違う道を歩いて帰ってみよう」とか、日常生活の瞬間に思いついたことをやってみたらいいと思います。

でも、それだけでは、なんだかスカスカしているというか、もっと中身が欲しいと感じてきます。何かしたいけど、何かわからない、けど好きなことはあって、それで食えるかどうかわからない、みたいなことがぐるぐるしていると思うのですが、そこで淀み続けると、死にたくなっていくようです。

　だから、外に出したいんです。外に出すからって店をはじめなくてもいい。もしかしたら、具体的に金額がわかって、それが自分でも無理のない金額で、とうとう会社をやめてはじめちゃったということも起きるかもしれませんが、僕たちにとって大事なことは、毎日この作業に没頭することです。

　深い集中を短時間だけでも継続的にやっていく。毎日1時間だけ、でも1年通して休まずやる。会社は土日休みかもしれませんが、この生きがいは休まずやってみましょう。継続することの効果は、薬を毎日継続して飲むよりもはるかに自然で、あなたに合った効果を与えるはずです。

　つまり、**死にたいと思う人の多くは、何かを「つくる」ことに向いているのではないか**と僕は考えています。

「つくる」のは、今の社会では芸術家か職人がやることになっています。しかし、もともと人間は誰しもが、石器をつくり、糸をつくり、歌をつくり、家をつくり、子供をつくり、社会をつくってきました。何気ない日常の中で、「つくる」ことは行われていました。それは常に生きることとくっついていました。

今では、「つくる」ことはなくてもいい作業になっています。誰かがつくったものを買えば済むと思われています。つくらなくなっても、死にたいとは思いません。でも、そういう人が時々いる。それが僕たち死にたい人なのではないか。

もちろん、すべての人がそうだとは思いません。でも、死にたいとまで集中して悩むことができる、**苦しむことができる力は、言われた仕事をただそつなくこなす作業には向いてないけど、ここにないものを生み出す時には逆にとても大きな力になります。**

これは僕の実感でもあります。

立ち止まる、悩む、寝込む、くよくよ考える、生きていても仕方がないと思う――こんな役に立たなそうな行為はつくる上ではとても素晴らしい効果をもたらします。

そして、この「企画書をつくる」ということは、つくることの前段階のつくることです。いますぐつくるのはちょっと大変だなと思う人でも、はっきり言えば誰にでも企画書だけはつくることができます。技術も何もいりません。お金もいりません。仲間がいなくてもかまいません。本当に何もいらないのです。誰にでもできます。しかも、自分が一番やりたいようにできます。

企画書をつくるコツは、というか「つくる」コツは、緊張と弛緩をうまく組み合わせることです。決められた仕事をこなす時のように、いつものやり方できっちりなんてやっていても、面白くもないですし、新しいアイデアは浮かんできません。

反対に、なんでも自由にやらせても拡散してしまって、なかなか手で摑むことはできません。どちらも重要です。そこは矛盾世界の住人である僕たちなら、実は得意なことなんです。ちょっとしたコツだけわかれば、すぐにできるはずです。

コツは日課をつくる。ただそれだけです（ここにも「つくる」が入ってますね）。

一人で判断するのは危険

僕のところに毎日電話してくる男性がいました。彼の家族が自ら失踪してしまい、残されたパソコンの中には自殺の方法について調べていた形跡がありました。電話の向こうで憔悴《しょうすい》しきっている様子です。

彼自身はもともと楽天的な性格で、死にたいとは思ったこともなかったそうです。このように、死にたいなんてことを考えたこともなかった人が、突然大変なことに巻き込まれて苦しくなってしまうこともあります。

僕は何もしてあげることはできませんが、このまま抱え込んでしまっては体を壊してしまいます。一緒に暮らしている家族にも吐き出すことはできないでしょう。こういう時にどうすればいいのか。僕にもわかりません。

毎日仕事に行っている時はまだいいが、仕事が終わると、いなくなった家族のことをずっと考えてしまうと彼は言いました。それはそうでしょう。最悪のことを考えてしまいます。

まず僕は彼に、5分でもいいから毎日電話してきたらどうかと伝えました。とにかく吐き出さないとまずいと思ったのです。抱え込まないように、毎日、どこかに吐き出すべきだと。会社では誰にも話していないそうで、家族にも言えません。みんな辛いんですから、自分だけ苦しいと言うわけにはいかない。でもそうやって気を張って、一人でぐるぐるとなりながら過ごしていると、鬱になり、それが続くと死にたくなってしまいます。

こうなると、多くの人がインターネットに向かって、自分の状況について調べようとしてしまいます。これは死にたくなった人すべてがそうだと思います。

僕は基本的にはインターネットの中で、そのような記事を読んで、自分一人で判断するのは危険だと思っています。誤診断を自分に下してしまうからです。だから、見る時でも1日1時間と時間を制限しようということになりました。

この時も、何をすればいいのか、どうしたらいいのかわからなくなってしまっているので、第三者が外からその人を見て、行動の指針を決めたほうがいいと考えています。

警察に行方不明者届を出したが、なかなか手がかりがなく難しいと言われ、探偵にお願いしたほうがいいのかもしれないと言ったので、すぐに頼むのではなく、5社ほど見つけて、それぞれに見積もりを聞いて、どこにしようか選んでみてはどうかとも伝えました。こういう時にどうすればいいのかという経験は僕にもありませんので、一緒に考えていくしかありません。

一緒に暮らしている家族も気丈にしているようには見えるが、とても苦しいんだと思うと彼は言いました。しばらくしたら、家族にも僕の電話番号を教えてもいいよと伝えました。家族の中だけで支え合おうとすると、共倒れしそうな気がしたからです。みんな苦しいんですから、誰かだけ泣き叫んだりすることはできなくなってしまいます。

苦痛自体が力となりうる行動

彼はどうにか一人で持ちこたえていましたが、他のことを考えることはできず、時間の過ごし方がわからなくなっていました。このまま真っ正面から立ち向かい続けたら、疲れてしまい体を壊してしまう。それが一番の心配でした。ただ彼は真っ正面から立ち向かおうとしているように見えました。それを止めることはなかなかできません。

こういう時、問題と向き合ってもうまくいきません。思考回路が固まっていて、悪いことをぐるぐると考え続けるという悪循環に入ってしまうからです。

この苦痛は、ほとんどなんの役にも立ちません。ただ苦しいだけです。

ところが、たった一つ、役に立つことがあります。**苦痛自体が力となりうる行動**、つまり、時間の過ごし方があるんです。

それが**創造**です。

つまり、自分で何かを「つくる」ということ。

ゼロから何かを生み出すということ。自分の手を使って形づくるということ。

死にたいと思っている時ですら、その**死にたいと思っていること自体が力になります**。そんな時は苦しすぎて、何か手を動かす気にはなれない。そうおっしゃる人もいると思います。もちろん、そこまできつい時は休む時です。ゆっくり横になって、しばらく静養しましょう。

しかし、時間は途切れることなくやってきます。横になったとしても、死にたくなるほど苦しい時は、簡単に休むことができません。思考回路は止まりませんので、どこまでも最悪のことを考えてしまいます。それなら何か手を動かしているほうがましだ、と結局はみんな考えるようになるはずです。

何をしてもぼんやりとしてしまい、手に付きません。それでも動かさないよりは、体は実は楽になっているはずです。そうやってどうにか時間を過ごす。それが死にたい時の対処であると僕は考えています。

しかも、創造となると、それはただの対処ではなくなります。**生きる意味が新しく生まれるきっかけにもなりうる**のです。

僕は彼に「何か自分が好きなこと、小さい頃からずっとやっていることなどはないか？」と尋ねました。

すると「自分には趣味が色々ありまして」と、彼は少し軽いトーンで、読書や音楽、漫画など好きなことを話してくれました。その中で「漫画を描いていた」という言葉が気になったので、僕はこう提案してみました。

「今の状態すべてを漫画に描いたらどうか？」

僕が彼に伝えたのは、このような状況下で毎日どうにか時間を過ごそうとしている自身の姿を漫画にしたらどうかということでした。

あなたにしかできない時間の過ごし方を見つける。

その過程自体が創造だと思います。

いかに生きていくか

その漫画には、僕も登場していいから、とりあえずすべてを克明に、自分が今感じていることを一つも漏らさずに、注意深く観察し、停滞する時間の感覚もすべて描いてみたらどうか。不謹慎かもしれないが、それはあなただけの表現になる。あなたは今までに味わったことのない最中にいる。今はとても苦しいかもしれないが、今しか感じられない経験をしていることにもなる。

今はただ苦しいのに、どうにかやり過ごそうとするよりも、むしろ、この時間をどういうものなのかと考えながら過ごせば、何か別の見方ができるのではないか。酒でも麻薬でもなんでもやって、この現実から完全に逃避したいと感じているだろうが、別の逃避、つまり創造という新しい道を見つけたほうがいいのではないかと僕は伝えました。

そして、この創造こそ、これまで僕がずっと書いてきた毎日の日課を継続するということ、毎日の時間の過ごし方、つまりはいかに生きていくかにつながるのです。

僕自身がそうやって生きているからこそ、強くそう思います。

彼は「やってみます」と言いました。

これからどうなるかわかりません。

でも電話に出続けようと思っています。

失踪した家族の無事をお祈りしています。

死にたい話が、いつの間にか**毎日つくる**という話になっていました。

それは、僕が毎日を生き抜いている方法でもあります。

最後に少し、僕がつくっている話を書いて、これまでの話をまとめて終わりたいと思います。本を読むのもきついのに、頑張って読んでくれてありがとうございます。

もうすぐです。休憩も入れながら、読んでくださいね。

終章　悩むのは、才能の一つ

畑のサラダ

次にやることが見えてくる

死にたい時、どうすればいいのか。

死にたくなっている時は、とにかくそれを考えます。どうにかしてこの危機から逃れたいですから、僕だってそうです。インターネットで「鬱　克服」とかキーワードを入れて、検索してしまいます。

何度やっても、そこには何も書いていないのに、どれも似たような記事なのに、毎回、死にたくなると同じことをしてしまいます。それで読めば読むほど、落ち込んでいきます。これはみなさんも同じではないでしょうか。

だから僕はこの本を書こうとしました。

僕の場合、必ず次の鬱がやってきます。やってこないと、体の疲れが取れないからです。僕は生きるために、定期的に休む必要があり、自分で意識して休みが取れないために、鬱になることで充電しているようです。しかし、そのせいで死にたいとも感じてしまいます。結局は何もできないのでいつも深く落ち込み、部屋にこもり、無為の時間を過ごしてしまいます。

それをなんとかしたいと思って、ここまで書いてきました。

毎回必ず鬱は通り過ぎていきます。そして、死にたいと思うことから少し解放された時、僕にはある変化が起きます。

それは**次にやることが見えてくる**、ということです。

これは僕の場合だけなのかもしれません。でもまずはこの話をしてみることにします。なぜなら、のちにそれは僕だけに起きていることではなく、死にたいと感じたみんなに起きているのではないかと思うようになったからです。

僕が今どういう仕事をしているか。特にこれと決まっているわけではありません。自分がやることはこれだ、これを一貫性を持ってやり抜かないといけない、などと考えるとすぐに調子を崩してしまうのです。だから、僕はそうじゃない道を選ぶことにしました。全く簡単ではないやり方ではあるのですが、確かに体は楽になったと思います。

どうしているかというと、**思いついたことを、端から思いついた順にやっていき、飽きたらやめ、面白いと思ったら、飽きるまでとことんやる**という方法です。他の人にとってはとても安心できない方法かもしれませんが、僕にはこれが合っているようで、おかげで仕事に関するストレスはほぼなくなりました。

主にやっていることは、執筆です。僕はこれまで25冊ほど本を書いてきました。2004年にデビューしましたので、もう15年も続いていることになります。そう考えると、飽きない仕事なのかもしれません。

本を書くといっても、第1作は写真集ですし、ルポルタージュも書けば、小説も書き、画集もつくれば、料理本まで出しました。つまり、本という大きな枠の中で、好き勝手に自分の思いつくままつくっていると言ったほうが良さそうです。一貫性も何もありません。でも、本という形は同じなので、同じように書店に置かれます。そういう意味で、僕にはとても合っている環境だったのでしょう。

死にたい時=つくる時

画集も出したように、僕は絵も描きます。収入としては執筆と絵が半々くらいです。この二つの仕事が僕の生活の軸になっています。さらには歌も歌います。アルバムも数枚出しています。歌はただ好きでやっていて、稼ぎのためではありません。それでも人前で話す時はいつも歌いますから、そういう意味では仕事になっているとも言えます。

さらに僕は、編み物（セーター）、織物、吹きガラス、陶芸と脈絡なくなんでもやっていますが、それらを美術という大きな枠組みの中に入れて、作品として美術館やギャラリーなどで展示しています。

　つまり、僕の仕事は、つくること全般です。なんでもつくります。つくったものすべてを自分の作品として、展示、販売しています。

　僕の場合は**「死にたい時＝つくる時」**なのです。

　死にたくなっている時は、とにかくこの状態から抜け出したくて仕方がなくなりますので、自分の病気についていろんなことを調べたり、病院に行ったり、布団の中でのたうちまわっているのですが、最終的には、死にたい時はつくる時なんだ、と気づき、諦め、僕はつくりはじめます。

　死にたくて、きつい時に、なんでつくったりすることができるのか。そんなことはできるはずがない。ただ横になっているだけしかできない。体が動かないんだからとおっしゃる方もいます。もちろんそのことも理解できます。

「つくるって一体、何をつくればいいのか。僕には才能もないし、技術もない、何度やっても鬱になって落ち込んでしまうし、救いもなければ、将来の展望もない。毎日過ごしていて、楽しいと感じたこともないし、喜びもない、興味もなくなってしまっているんだから、創造的になることもない。もう僕の人生は終わってしまった」

実は僕も同じように感じています。

だから死にたいなんて感じないほうがいい。つくる上で絶望的な状態は、少しもヒントにはならないし、力にもなりえない。元気だとつくれるんだから、早く元気になりたい。元気な時、前向きな時につくるものこそ、人に喜びを与える重要なもので、死にたいと思っている時につくっても、暗くて希望のないようなものしかつくれないはずだから、なんの意味もない。僕はずっとそう感じてきました。

体はやる気がある

しかし、です。先ほども書いたように、もう体が動かないと諦めて布団にくるまったとしても、それで楽になれるわけじゃないんです。むしろ何もやることがなくなったために、頭の中ではぐるぐると同じようなこと、死にたい、自分はダメだ、なんであんなことしたのか、これからどうなるのか、親が悪いだの、自分は孤独だだの、そういう絵に描いたような絶望的な思考のオンパレードになってしまいます。

死にたい時には時間の流れが変わり、いつもよりも異常に長く感じ、その間、否定地獄に入ってしまいます。頭から何か変な考えが湧き水のように溢れ出てきます。
というわけで対策を考える必要がありました。
まずは状況を観察してみましょう。

(1) 落ち着かず、じっと寝ていられない

まずこのことに困ってしまいます。ここで無理に寝ても仕方がありません。睡眠薬を飲んで体を強引に休ませるという方法もあると思いますが、ここではできるだけ薬物を摂取しない方法を考えたいと思っています。なぜなら体は常に、体がうまく機能するように動いているはずだからです。

体はまず眠ることを求めていません。眠れないと捉えるのではなく、眠る必要はないと体は判断している、と思いましょう。

じゃあ仕事をすればいいのか。僕の場合だと家事などをしてもいいと思うのですが、死にたくなっている時は、どうしてもそちらに動こうとしません。つまり、やらなくちゃいけないことに関しては、無関心です。むしろ、嫌がっているような感じがします。

しかし、家の中をウロウロしています。これも落ち着かない行動で、人に言えない恥ずかしい行動のように思えます。みんなこうなっちゃうんです。だから自信を持って（この時は持てませんが、気持ちだけでも）観察してみましょう。

ウロウロしている。これはどういうことかと言うと、動きたい、いますぐ何かしたい、という状態だということです。外に誰もいない場所に住んでいたら、出歩けばいいのかもしれません。でも、僕が暮らしている都市ではなかなかできません。田舎だと近所に顔が知れわたっているので、さらに外を出歩けないかもしれません。

でもとにかく動きたいんです。実は。

僕は死にたくなっているのですが、実は体はやる気があります。

（2）何も頭に入らない。妄想が頭の中にふつふつと浮かんでくる

テレビを見ても上の空、本なんか読めない。映画も集中して観られません。とにかく頭の中に何も入っていかないのです。体がガードしているかと思うくらい、鉄壁で、だからこそ、好奇心がない、興味がない、好きなものも好きじゃなくなった、みたいな極

端な思考に入ってしまいます。

でも、いま読んでいるこの本みたいに、どうすれば死にたくなくなるのかに関してだけは、人一倍興味があるじゃないですか？　だから好奇心がない、興味がない、というわけではないんです。

不安だけは豊穣に

そうです。頭の中に本当に淀みなく、延々と湧き出てきているものがあります。**不安**です。否定する言葉です。とにかくそれだけは溢れ出てきている。豊穣と言ってもおかしくありません。よくそこまで考えるよなって思えるほどありとあらゆる方法で、自分をけなし、否定し、不安にさせます。

その力たるや、スポーツの世界だったら、イチローじゃないかってくらい、否定しますよね？　僕もそうです。徹底的にします。その道のプロです。不安のプロです。涸れることはありません。起きている限り、なんなら夢の中ですら否定が続きます。これが仕事だったら、稼げるのになと思うこともありますが、そんな楽天的な思考は一切許しません。そういうところも徹底しています。

極端に良いように考えてくれればいいんですが、そこも徹底していて、少しも良いことを考えさせてくれません。すべて悪いことです。

しかし、湧き上がっていることだけは確かです。

それは誰も否定できないはずです。

ということで、実はあなたは空っぽではありません。頭の中、体の中、足の指先から頭のてっぺんまで、不安、否定の考え、言葉で溢れています。

つまり、一切インプットできないけれど、豊かにアウトプットしている。とめどなく、24時間源泉掛け流しの状態です。

インプットはできませんので、一切諦めましょう。好奇心がないんじゃないんです。好奇心がアウトプットにだけ集中してしまっていて、インプットすることに目が向かなくなっているだけなんです。興味がないんじゃないんです。興味は誰よりもあります。

その興味が、世間からは趣味と思われていないものだから困っているだけです。

不安になる、自分を否定する、みたいなことが趣味、生きがい、仕事になっているんです。でも、力としてみれば、これはまぎれもないアウトプットです。

まずはそのことを認識してみましょう。

とんでもないアウトプット状態にあり、インプットしている場合ではないのです。

しかも、歩き回ってしまうほどに、力だって有り余っている状態です。

ただし、自分がやりたくないことはやりたくないようです。

面倒なことはしたくない。

でもやる気はバカみたいにあります。

24時間やめずに、寝ずにやれるほど悩めます。

悩むを、考えるに置き換えてみましょう。似たような意味ですから。

24時間考え続けられる状態で、力が有り余っていて、もうすでにアウトプット状態に入っていて、思考は毎秒外に溢れ出ている。

死にたいと思っている今、あなたはこのような状態になっています。

どうですか？　少し気づいてくれましたか？

はい。そうなんです。これは実は**とても創造的な時とほぼ同じ状態**なんです。

ベクトルは違うかもしれません。創造的な時はもっと心が穏やかで、やる気に満ちていて、前向きなエネルギーが溢れている。

一方、死にたくなっている時は、不安に満ちていて、否定的なエネルギーが溢れている。嘘だとしても、幸せだなんて言葉は言えません。

積み重ねが自信につながる

否定的なエネルギーを外に出してみましょう。力自体は創造的な時のものと変わりませんので、とんでもない可能性を秘めています。

何かをつくるからといって、否定しなくなるのかというと、そうでもありません。おそらく否定する力は変わらないと思います。今すぐは。でも、つくることと、家の中をウロウロしたり、頭の中で悩み続けることは、大きな違いがあります。

それは**積み重ねることができる**ということです。厳密に言うと、家の中をウロウロすることも、悩み続けることも積み重なってはいます。死にたい時にはそう思いにくいというだけです。死にたいと思っている時に必要なのが、充実しているという感覚だということは前にも書きましたが、それを感じにくいんです。

つくることで、その充実を感じることができます。

もちろん、はじめの充実感は微々たるものかもしれません。なんでこんなことやっているのかという否定の言葉が強すぎて、かき消されてしまうかもしれません。でも、つくることを日課にしていくことで、それは積み重なって、少しずつ、あなたの自信につながっていきます。長所が生かされること。これこそが自信になるのですから。

続けることで変化する

何をつくればいいのでしょうか？

まずは自分がこれまでにつくったことがあるものを考えてみましょう。

小さい頃から思い出してみてください。悪いこともつい思い出してしまうかもしれませんが、それはおいておいて、今は、つくるものを考えることに集中してみてください。何かつくったことはありませんか？

自分が楽しかったという記憶があるとなお良いですが、そんなものなくても構いません。積み重ねることで、後でなんとでもなるからです。編み物をした。縫い物をした。パンをつくった。絵を描いていた。紙粘土でつくっていた。木版画をした。陶芸をした。別に芸術行為としてやったかどうかは関係がありません。今まで生きてきて、やってきた中で、一番マシだなと思うつくることを見つけてみましょう。

そう言うと、ここで自分は何をつくろうかと悩んでしまう人がいます。今まで何も集中してやってきたことがなかった。やっぱり好奇心がないんだと悩みが続いてしまう人も実はやることがありますので、それは後で書きますね。

そうではない人、つまり、何か昔つくったことがある人は、ぜひそれをもう一度、思い出してみましょう。大きなものをつくると大変ですので、今はやめておきましょう。一日で終わることがいいと思います。とりあえず、今日は実験ですから。今日一日、どうやって過ごすか。そして、家の中でウロウロしている時と、比べてみてください。

どうですか？　つくるほうがマシですか？　それとも余計に苦しくなりましたか？　余計に苦しくなったら、また別のことを見つけてみましょう。本当になんでもいいんです。そして、簡単に見つからなくてもいいんです。それを試してみることが大事で、うまくアウトプットできてさえいればいいんですから。

もちろん、このアウトプットが、自分の体にぴったり合ったものだと、さらに体は楽になります。何か買ってくるのは大変ですので、家にあるもので、さっとできるものがいいでしょう。絵を描いたことがある人は、絵の具がなくても、買わなくていいです。コピー用紙と鉛筆で描いてみましょう。

コツは、時間を決めること。今から1時間やってみよう、とか、何時から何時までと決めて作業してください。これは時間の過ごし方をつかむのに役立ちます。

結論から言うと、**時間を過ごせないのは、時間を決めていないから**です。何時から何時まで何をする、と決めると、自然と時間を過ごせるようになります。そこにつくるというアウトプットを入れると、ただ楽になるだけでなく、少し充実する、という別の状態が訪れます。

これは確実にあなたの死にたい思いを緩和してくれますので、ぜひ試してほしいです。うまく見つけた人は、今度はそれを毎日続けてみる練習につなげていきたいと思います。まずは1時間決めて、何も考えずにつくってみましょう。

今度はその分量より少し少なく、たとえて言えば、1時間でA4の紙2枚に絵を描いた人がいれば、毎日1枚ずつ描くという日課をつくっていきます。それ自体がアウトプットになります。少し少ない量だと毎日やっていても疲れが残りません。毎日ギリギリでやると続きませんので、とにかく続けられる量を見つけることが大切です。

見つけたら、それを毎日やってみましょう。もちろん、それがすぐあなたを助けるものになるわけではありません。でも、続けることによって確実に変化します。1年も続けたら、すっかり変わっていることに気づくと思います。

できることが何もないと思う人へ

しかし、私にはできることが何もない、と思う人もいると思います。

ここからはその人たちに向けて（むしろ、そういう人のほうが多いかもしれません）、書いてみたいと思います。

あなたは自分が「ただ悩んでいるだけだ」と思っています。しかし、実際はそうではありません。**悩み続けること自体も、実はつくっていることになる**からです。もちろん、そのまま悩み続けても問題はないのですが、あなた自身は問題だと思ってしまうでしょう。だから対策を考えてみたいです。

つまり、悩み、考えることは、書くことにつながっています。

なので、**何もつくることができない、と思う人は、実はみんな書く人**なのです。

突然、突飛なことを言い出してと思われるかもしれませんが、悩むということはそういうことです。**悩むのは、体の中から言葉が湧いていることと同じです**。普通、人はそこまで悩むことができません。どこかで諦めて体を動かしはじめるんです。家の中にいて悩み続けるのも、嫌だとは思いますが、実は才能の一つです。

その才能とは、**考える力**。たとえそれがどれだけ淀んでいたとしても、答えのないことを延々考え続けていたとしても、それを続けているのは、解けない数学の問題を考えているようなもので、それ自体はとても興味深い行動なのです。

しかも、書く、ということは本当に道具がいりません。紙と鉛筆があれば、いつでもどこでもできます。あなたは寝ても覚めても悩んで、寝ても覚めても考えています。誰に依頼されたわけでもないのに、頭に次から次へと浮かんできます。そんなあなたは、もしかして、紙に自分の悩みなどを書いたことがないですか?

それはただ吐き出しているわけではありません。

それはつくっているんです。

やり方を教わったことがないから、わからないだけです。

少しだけコツがわかれば、あなたは自分が今までずっと考えていただけなんだ、ということに気づいてしまいます。

実験をしてみましょう。

まずはあなたが悩んでいるそのままを、言葉がどんどん浮かんできていると思いますが、自分を否定する言葉でいいですから、どんどん書いてみてください。何も考えずに、素直にそのまま、頭に浮かんでいることを言葉にしてみてください。

きつい時に書いた文章

僕がきつい時に書いた文章はこんな感じです。

本当に今、僕は悩んでいる。それは自分の問題だと思う。そして、ずっと放置してること。ずっと放置していることがなんなのか。でも、それを反省しても、自分の本当にどうしようもないところは、僕は反省してもうまくいくはずがない。そして、全てを悲観していても、仕方がない。だから、どうするのかと言われても、どうしようもできない。でもそんな自分を肯定することもできない。じゃあどうやって生きていくのかってことを、考えても、悩んでしまって身動き取れない。自分のダメなところを直さないとだめなんだとわかってるけど、このままじゃだめになると思う。僕はもともと何もない。伝えたいと思うこともない。やる気もない。出来るだけ、人から隠れて生きていこうとしているだけだ。そうやって、自問自答ばかりしていて、どうする？

今、とにかく疲れている。それでも眠れない。だからまた疲れる。外に出るのも億劫だし、そもそも何かを話そうという気がない。やる気がない。どうしたらいいのかがわからない。なんでこうなるのかがわからない。しかも、何か考えたいことがあるわけでもない。

どうでしょうか？　悩んでますねぇ。でも、悩んではいますが、こういう文章であれば、いくらでも出てきます。そりゃそうです。24時間悩める人なんですから。

しかも大半は妄想で、それがひっきりなしに浮かんでいる。何かいい考えだったりすればいいのに、いつも後ろ向きです。否定する言葉ばっかり、自分はダメだという言葉ばっかり。

書いたとしても少しも気持ちは晴れません。

何にも効果はないように思えます。

しかし、一つだけ。書いている間、時間は過ぎていきました。1時間書くと、大量の分量になりました。まだ書けますが、これくらいにしておきましょう。書いている間は、書くことに夢中になっていました。家の中をウロウロしようとは思いませんでした。落ち着かないけど、布団に入ってジタバタするよりもマシだと思えました。マシなことが一つでもあればいいとも思えませんが、それでも時間は過ぎていったんです。

　僕もそうやって、時間の過ごし方を学んでいきました。

　こんなに本を書くようになるとは思わなかったのですが。しかし、何よりも僕は悩み続けることができる。起きている間も夢の中でも死にたくなっている時は考えています。悪いことばかり。おかげでどこまでも書けます。書いても書いてもなかなか充実はしませんでした。でも、余計にひどくなっている感じもありませんでした。

　書くことで、悩むことにも少し負荷がかかるのです。それくらい頭の中では言葉になっていないものも、否定の言葉だと感じて、余計に打撃を受けます。それを抑えるためにも書くことが大切だったんだと思います。

　こういった死にたい時の文章を「鬱記」と呼んで、書いていたのですが、ある日、僕はそれも苦しくなって、いつも通っている橙書店の店主・久子ちゃんに嘆きました。

「もうきついよ……」

「どうきついの？」

「頭の中が砂漠で……。もう何もない」

「砂漠？」

「そうなんだよ、ほんとに砂漠になってて」

「えっ、どういう状態なの？　私、頭の中が砂漠だと感じたことないんだけど」

「そうなの？　いいねえ。僕はきつくなるといつもそうなるよ」

「どんな砂漠なんだろう。興味がある。ねえ、その砂漠を書いてみてよ。きついきついって書くんじゃなくて」

「あ、わかったよ……」

この対話がきっかけになって、僕はそれまでずっと鬱記を書いていたのをやめました。

注意深く見るだけ

毎日、砂漠の中にいる。その状況を、むしろ風景を観察して描写するように書けないものか。というわけで、僕は書いてみることにしました。

そこには人間はおらず、つまり、僕自身も人間ではなく、僕は砂つぶになっていました。トカゲが一匹いました。風が吹いています。砂漠には何もないと思っていましたが、よーく見てみると（目で見ているわけじゃないですよ。悩んでいることをしばらくおいて、僕の頭の中に広がっている、湧き上がっている風景を観察してみたので、目を使わずに見たという感覚でした）、ある文章が出てきたのです。

砂漠には時折、気まぐれな風が吹いた。その風がどこからきたのか誰も知らなかった。そもそも誰もそこにはいなかった。人間がいなくなってかなり月日が経っていた。また風が吹いた。砂は退屈そうにまたがると、地表の上すれすれを回転しながら流れていく。移動した先でまた出会いがあればいい。砂は常に移動した先で家族とは言えないまでも、集団を形成していた。水分もなにもない。しかし、砂は何一つ困ることがなかった。人間は困っていた。みな水を求めて争っていた。そんな気配がまだ残っている。残骸が地中に眠っている。もやの向こうから光がさしているはずだ。しかし、一向に地表に届かない。時間は停滞していた。忘れられたような場所がそこにある。それでも砂は時折、移動していた。

これを久子ちゃんに送ってみました。

「面白い！　鬱記より全然面白いし、本当はこんな状態になってたのね。もっと書いてよ。ここに何かあるよ、世界が」

久子ちゃんはそう言いました。僕にとっても新鮮でした。今まで苦しい苦しい死にたい死にたいと言い続けて、それを書き続けてきましたが、実は頭の中では全然違う世界が広がっていたからです。

しかも、それはもうすでに湧き上がっていて、僕が何か仕立て上げる必要もありません。やることといえば、**注意深く見る**だけです。

できるだけ、僕は自分をなくして、その世界の風景を詳細に書くことにしました。そうやって、気づくと、夢中になっていました。毎日４０００字書き続けました。書けば書くほど先が見えてきました。書くことを日課にしました。

終わったのは80日後。気づいたら30万字を超えていました。それはのちに『現実宿り』という小説となって出版されました。僕が体の中で死にたいと思っている時に感じた、正直な世界の風景の話です。そんなに売れませんでしたが、僕としては、新しい書き方を身につけた気がしました。

そして、それから、死にたくなった時は、現実ではなく、別の世界を感じているんだと思うようになったのです。外に目が向いているのではなく、体の内側に向いているんだ。そしてそこには、果てのない世界が広がっているんだ。死にたくなった時は、それを描写する時なんだ、と思うようになりました。

そして、その世界の風景を描写し続けました。するとこと、不思議なことに、死にたいという状態からは抜け出すことができたのです。

――それでも、しばらく経つとまた、死にたい気持ちはすぐに戻ってきます。

でも、今度は時間の過ごし方を身につけています。死にたい時は、書く時なわけです。なかなか他人が理解できる文章ではないかもしれませんが、僕が感じている世界であることは確かです。僕はそれらを「小説」と一応名付けて出版するようになりました。それは僕が死にたいと思った時に感じた世界のありのままの姿なんです。

何か見えませんか？

だからあなたももし、何も興味を持てず、関心もなく、他につくることも知らないんだったら、僕と同じような世界が見えているのかもしれません。目を閉じて、自分を否定する言葉は止められないでしょうから、そこは諦めて。でも、何か見えませんか？

海が見えますか？　山ですか？　砂漠ですか？　廃墟みたいなところですか？

暑いところですか？　寒いところですか？

あなたはどんな服を着ていますか？　一人ですか？　そこに家族はいますか？

そこでのあなたの名前はなんと呼ばれていますか？

顔を上げたら、先に道が続いていますか？

真っ暗？　それは夜だからですか？　どこかに閉じ込められているからですか？

ぼんやりと薄暗いってことは、どこかに光がありますか？

もしかしたら拘束されているかもしれません。

幽体離脱のようにできませんか？　もしくはどこかに鍵が隠されていないですか？

そういったことを、くまなく歩いて、調べてみてください。

もしかしたら世界が広がっているかもしれません。

僕はこういった質問を、「いのっちの電話」にかけてきてくれた人にするんです。

そうすると、本当にみんな何か浮かんでいるんです。まだおぼろげではあるが、確かに世界がある。それくらい内側に目が向いているってことです。これを生かさない手はないのではないかと僕は思います。

何よりも、これは時間を過ごすにはうってつけなんです。

しかも完成したら、小説になっちゃうんです。

少し楽しみになりませんか?

不安の感情から、風景へ

「山とか海とか町とか部屋に閉じ込められているとか、何か見えませんか?」

「海ですね」と電話をかけてきた女性が言いました。

「海の上にいるの?」

「いや違います。砂浜から海を見てます」

「いま、お家から電話してる?」

「はい、そうです」

「何時くらい?」

「深夜です。午前2時くらいだと思います」

しかし、時計を見ると午後3時です。内面では別の時間が流れているようです。

「家族はいるの?」

「いや、誰もいません。たった一人です」

「背後には何がある？」

「森がありますね」

「その森の中にあなたの家がある？」

「家はどこにもありません。家族もいないし、ただ一人でさまよってる感じです」

「海に何か見える？」

「船が浮いてます。小さな船が」

「船には誰か乗ってるの？」

「いやわかりません。でも、操縦席に電気がついているのは見えます」

こうやって見ていくことで、少しずつ、不安という感情から、風景へと変化していくんです。いろんな角度から見てみましょう。外側も内面も、本来どちらもそう違いはないのかもしれません。僕は女性にその続きを書いてみたらと提案しました。ずっと好きなものはない、と言っていましたが、電話の最後に「読書は好きで、カフカをときどき読んでます」と教えてくれました。

脳みその動きが変わったのかもしれません。そうなると、好きだったものを思い出したりします。

なんとなく逃げ道が見つかったのかもしれません。

「出版するとかどうでもいいから、ただ死なないために、本を書いてみたらいいんじゃない」と僕は提案しました。

「本を書けるとは思えないけど、それは面白いかもしれない」と女性は言いました。

あなた自身の固有の世界

書くことを生業《なりわい》にする必要はありません。死にたい時は書きたい時なんだと気づいてほしいだけです。もちろん絵を描いてもいいし、音楽を奏でてもいいでしょう。でも絵心がなくても、楽器を持っていなくても、ペンと紙なら誰でも持っていますし、しかも、書く技術を持っていない人はいません。

別に何か文学的な表現をしなくてはいけないわけではありません。むしろ、それは邪魔になります。あなたの外側にある本の表現を参考にすると、あの本よりも技術的に劣っているなどと感じてしまいます。比較してしまうと逃げ道になりません。

大切なことは**観察して、正確に描写すること**です。

そうすることで、逃げるための穴は無数に見つかります。

僕自身、そのようにしてどうにか逃げるように書いていますから。

でもいつも不思議なのは、必ず行き止まりではなく、小さかろうが、穴を発見することができるということです。いつもそれが死にたいと絶望している僕の精神状態を、少しだけ開いてくれます。その時、内面だけに向いていた目は外側に向きはじめます。人とも接しようと思いはじめます。外を歩きながら、外側の世界の豊かさを感じることができるようになるのです。

今はあまりにも外側の世界だけに目が向かいすぎだと思います。内側がないがしろにされています。しかし、子供の頃を思い出せばすぐに理解できるように、僕たちは外側だけで生きているわけではありません。

内面の世界も同じくらい大切です。それは妄想の世界なのではありません。

それはあなた自身の固有の世界なのです。

おわりに

行動だけは変えられる

いかがでしたでしょうか？

みなさん、今はどうですか？

死にたいと思って読みはじめて、もし今、死にたいと感じていなかったら、僕としてはとても嬉しいし、ほっとします。

死にたいという感情にはとにかく波があり、一瞬だけ腕立て伏せをするなど、体を動かせば、考えなくなります。しかし、それも長続きしません。徐々に体は死にたいと感じていたことを思い出していきます。

だからまた死にたいと思うかもしれません。

僕も、良くなってはまた死にたいと思うことの繰り返しです。

死にたいと思っている時には、またこの状態に戻ってきた、結局自分はこうなんだ、いつもこの場所からは抜けられないんだと思ってしまいます。そして、ここからは永遠に抜け出すことができない。だから、もう死のうと考えてしまいます。
実際は違います。ずっとその状態ではなかったはずです。苦しいかもしれないけど、頑張ろうと思っていた時もあったでしょうし、生きていたいと感じたこともゼロではないはずなんです。でも、時々、ふっと戻ってきてしまう。そしてまた死にたくなってしまう。

そういう時はどうするか？

また、**この本を頭から読んでもらいたい**と思います。

今度は違うところが目に入ってくるかもしれません。死にたいと思うことは同じように見えるかもしれませんが、実際はその都度少しずつ違っているようです。死にたいと感じる時は、変化を求めている時でもあるからです。

死にたいと思う時、つい体は方法を知らずに、自分自身を否定してきますが、それはあなたの性格や人間性のようなものを変えろと言っているのではありません。そうではない変化、つまり、そんなあなたが起こしている行動について変化を求めているのではないでしょうか。僕はそう思います。

考え方も性格も思考もなかなか変えることができません。

しかし、行動だけは変えることができます。死にたいという信号自体、体が発しているわけですから、体を使って変えられることだけを変えればいいんです。

産みの苦しみを味わっている

死にたいと思うことは、何かの合図ではあるわけです。その合図は自分で見つけなくちゃいけない。しかも、僕の経験で言うと、それは毎回変わります。これさえすれば毎回死にたいと思った時も楽に解決できる、そんな解決法があればいいですが、毎回違うので試すことも変わってきます。

しかし、それは、あなたがまた自分の中に隠れていた新しい行動を発見できる可能性を秘めています。僕の場合、その都度、結局は新しい本や他の作品のインスピレーションにつながっています。死にたいという過程を経て、新しい視点を見つけて、新しい創作がはじまります。僕はこう思っています。

死にたい時は産みの苦しみを味わっている

死にたいという話が、この本の後半から少しずつ変化していき、最終的に僕は、死にたいということ自体が、何らかの産みの苦しみなのではないかと考えるに至りました。何かを生み出す前は、静かな時間、もしくは退屈な時間が訪れます、空虚な状態です。好奇心に満ち溢れているわけでもなく、むしろ関心が何もなくなったような感じがします。自信に満ちているわけでもありません。慣れていないことが生み出されるわけで、体はこわばり、普段使っていない筋肉が疲労しています。

だからできるだけ横になっていたい。現実からこぼれ落ちてしまっているような感覚になります。人と話そうという気がありません。疲れ果て、やる気もなく、自分に何かができるとすら思えません。何もかも虚しく、外の空気を敏感に感じるので、ちょっと西日を浴びただけでも憂鬱な感覚を丁寧にすべて察知してしまいます。

これが、僕が産みの苦しみを味わっている時に感じている感覚です。

死にたい時と非常に似ていませんか？

死ぬか産み出すか、死ぬかつくるか

何かをつくり出すとき、イメージでは力がみなぎり、自信に満ちている姿が思い浮かぶかもしれませんが、実際、つくる時には空っぽのような状態だと感じることのほうが多いです。敏感になっているので、あらゆる物事からすべてを感じ取ってしまいます。だから一人でいることが必要で、頭も体も休めておくことが必要になってきます。

もともと、僕はこの自分が産みの苦しみを味わっている時と、死にたい時を分けて考えていましたが、よくよく考えると、はじめ産みの苦しみを感じ、それが鬱状態のようになり、次第に体が動かなくなり、死にたいと感じ、自分は死にたいんだ、もう人生ダメなんだと妄想がはじまり、あれやこれやと試している過程で、次の作品が生まれ、後で考えると、産みの苦しみだったのかもしれないと振り返ります。これは分けられることではなく、一つの切れ目のない動きなのではないでしょうか？

そう考えると、死にたいあなたも今、実は産みの苦しみの真っ只中なのかもしれません。

死ぬか生きるか、ではなく、**死ぬか産み出すか、死ぬかつくるか**、と考えると少し見え方が違ってきませんか？

死ぬのも、つくるのも、大変です。いっそのこと、何かを生み出して、それで力を使い果たして、野垂れ死にしましょう。それなら清々しいじゃないですか。その覚悟でやると、何でもできそうな気がしますし、実際に何でもやれると思います。

嫌なことを一切しない時間を

大切なことは、自分が昔からずっと考えていることです。思い描いていることです。小さい頃から何か行動して少しは楽しかったなあと思うことをゆっくり思い出してみてください。自分が今まで何をしてきたか、どんなことを面白いと思ってきたか、楽しかったか、楽しくなくても少しでも夢中になったことがあったら、書き留めておいてください。

まずはそれを試しにやってみましょう。今は自分で日課を考え、行動ができます。それをとことんやって飢え死にしてもいいじゃないですか。

何をやりたいのかわかりません、好きなものがありません、と死にたい人は必ず言います。それは今だけのことなので、ぜひ少し前のことを思い出して、それでもなかったらもっと前まで遡って、誰しも小さい頃にまで遡れば、退屈しのぎにやっていた記憶が残っているはずです。それをすぐにやってみましょう。

とにかく嫌なことを一切しない時間をつくってみてください。まずは1週間だけでいいです。毎日のスケジュールを的確につくってみてください。どの時間もやってみたいなと思うことだけを入れてみてください。

明日の寝るまでのスケジュールを決めておくと動きが完全に変わります。休憩する、ということもスケジュールに入れるだけで、意識して休憩しようとします。悩むという時間も1時間だけに限定して、その間だけは何を調べても、どんなに落ち込んでもいいと、積極的に悩んでみましょう。

人生に意味はないので、問うても苦しいだけです。でも、素晴らしくないですか？　人生に意味はないのに、そこに意味をつくり出そうとしているってだけで。悩んでいるってことは、人生に意味をつくり出そうとしている。人は馬鹿にするでしょう。それでもいいじゃないですか。僕は馬鹿にはできません。僕自身がその馬鹿ですから。

悩むことが、死にたいと思うことが、なんだか血迷っている人、上手に仕事で稼げない人、くよくよしている人みたいに世間から思われていそうで（実はみんな悩んでいますので、そんな世間はそもそもないのですが）、なんだか恥ずかしいみたいに感じている人が、死にたいと感じ、そのまま死んでしまっているのではないか？

そのことが心配になって、世界でも有数のお節介焼きの僕は、携帯電話の番号を公開して「いのっちの電話」をはじめました。やればやるほど、死にたいと思う人は無数にいて、死にたいと思うことが別に変でもなんでもなく、誰にでも起きることであり、さらには産みの苦しみが発生しているということに気づいていきました。

大声で言える穴

お互い話し合えるだけでいいんです。

こんな簡単な解決法があるでしょうか?

お金もかからないんです。僕は携帯電話だけで全然やれています。

死にたいという経験さえあれば、その対話が実現します。

ほとんどの人は実は死にたいと感じたことがあるんです。

でもあまりにも対話がなされず、テレビやラジオや新聞で普通のことのように言ってくれたらいいのに、誰も話しません。タブーみたいにもなっています。家庭の中でもなかなか口にしません。会社でも学校でも。仲が良い人同士でもこの話はしません。

「死にたい!」と大声で言える穴はないものか。

09081064666は、その穴です。

でもただの吐き出すためだけの穴ではありません。その穴はいろんなところにつながっています。僕自身が穴そのものなのかもしれません。穴を通過して、どこかにつながってくれたら嬉しいです。

「いのっちの電話」をやればやるほど、自殺する必要のある人なんて一人もいないと、もともと思っていた確信がさらに強まっています。そして、今では自殺者をゼロにすることができるはずだと確信しています。これは僕の思い込みでもあるんでしょう。笑う人は笑ってもらっても構いません。実現してはいないんですから。

でも、いつか必ず実現させたいと思っています。今では街角を歩いて、店に立ち寄った際に、レジの店員の方から「実はあなたの電話番号を登録しています。もしも何かあった時はお願いするかもしれません」と言われたりします。

110とか119のように、09081064666を使ってほしいなと思います。僕は、そうやって人に使われることが喜びになるようです。携帯電話の番号を公開するだけでそれができるなら、喜んで公開しちゃいます。今まで、やめようと思ったことは数回しかありません。それはいつも僕が死にたくなっている時です。でもまたそこから必ず抜け出します。元気になれば、またやりたいと思うのです。

僕は自分が自殺しないために、生きるために、つくるために、「いのっちの電話」をやっていると言ってもいいでしょう。

困った時はお互い様どころか、「いのっちの電話」に毎回僕も助けられているので、そこらへんは気兼ねなく。

2030年には自殺者をゼロにしたいです。

どんなことがあっても、ゼロになるまでは「いのっちの電話」をやり続けたいです。

最後のチャンスがあるのであれば、どうか、それを僕にくれませんか。

死にたいと感じることがいかに大事かを一緒に話したいなと思っています。

もちろん日課も考えましょう。


僕の方法は、誰しもに通じることではないかもしれません。

それでも死にたいと思っている人はまず電話してみてください。

名乗る必要もありません。つながらなかったら折り返し電話をします。

まずは現政府の「いのちの電話」にかけてもいいと思います。なかなかつながりませんので、このままではまずいと思ったら、すぐ僕に電話してください。

死にたいと思うのは、いろんな原因があると思います。僕にはそれ自体を解決することができるとは思っていません。でも、相談する空間があれば、少しは風が入るはずだと考えています。電話をかけてくる多くの人が、他人には言えないと、嘆いていました。対話する空間がないんです。

しかし、ないならつくればいいんです。単純ですが、それならやってみるしかないと思って、「いのっちの電話」を開設しました。

電話するのは緊張するかもしれませんが、できるだけ気軽に電話してみてください！

死ぬよりもマシです。

みんな死にたいけど、死ぬよりも、何か逃げ道はないかとどこかで思っています。

それを一緒に考えましょうよ。時には笑いも交えながら。

死ぬ前にぜひ電話を。

09081064666を一度お試しください。

N.D.C. 368.3　206p　18cm
ISBN978-4-06-520776-5

章扉イラスト：坂口恭平

講談社現代新書　2581
苦《くる》しい時《とき》は電話《でんわ》して
二〇二〇年八月二〇日第一刷発行
著　者　坂口恭平《さかぐちきょうへい》　© Kyohei Sakaguchi 2020
発行者　渡瀬昌彦
発行所　株式会社講談社
東京都文京区音羽二丁目一二―二一　郵便番号一一二―八〇〇一
電　話　〇三―五三九五―三五二一　編集（現代新書）
〇三―五三九五―四四一五　販売
〇三―五三九五―三六一五　業務
装幀者　中島英樹
印刷所　凸版印刷株式会社
製本所　株式会社国宝社
定価はカバーに表示してあります　Printed in Japan

「講談社現代新書」の刊行にあたって

教養は万人が身をもって養い創造すべきものであって、一部の専門家の占有物として、ただ一方的に人々の手もとに配布され伝達されうるものではありません。

しかし、不幸にしてわが国の現状では、教養の重要な養いとなるべき書物は、ほとんど講壇からの天下りや単なる解説に終始し、知識技術を真剣に希求する青少年・学生・一般民衆の根本的な疑問や興味は、けっして十分に答えられ、解きほぐされ、手引きされることがありません。万人の内奥から発した真正の教養への芽ばえが、こうして放置され、むなしく滅びさる運命にゆだねられているのです。

このことは、中・高校だけで教育をおわる人々の成長をはばんでいるだけでなく、大学に進んだり、インテリと目されたりする人々の精神力の健康さえもむしばみ、わが国の文化の実質をまことに脆弱なものにしています。単なる博識以上の根強い思索力・判断力、および確かな技術にささえられた教養を必要とする日本の将来にとって、これは真剣に憂慮されなければならない事態であるといわなければなりません。

わたしたちの「講談社現代新書」は、この事態の克服を意図して計画されたものです。これによってわたしたちは、講壇からの天下りでもなく、単なる解説書でもない、もっぱら万人の魂に生ずる初発的かつ根本的な問題をとらえ、掘り起こし、手引きし、しかも最新の知識への展望を万人に確立させる書物を、新しく世の中に送り出したいと念願しています。

わたしたちは、創業以来民衆を対象とする啓蒙の仕事に専心してきた講談社にとって、これこそもっともふさわしい課題であり、伝統ある出版社としての義務でもあると考えているのです。

一九六四年四月　野間省一